普通高等教育"十一五"国家级规划教材
高等职业教育饭店服务与管理专业教学用书

FANDIAN KEFANG GUANLI

饭店客房管理

（第2版）

朱承强　主　编
叶秀霜　王培来　童凤莲　副主编

北京·旅游教育出版社

责任编辑：孙延旭　陈　霁

图书在版编目(CIP)数据

饭店客房管理/朱承强主编. —北京：旅游教育出版社，2004.3(2015.9)
高等职业教育饭店服务与管理专业教学用书
ISBN 978-7-5637-1197-0

Ⅰ.饭… Ⅱ.朱… Ⅲ.饭店—商业管理—高等学校：技术学校—教材
Ⅳ.F719

中国版本图书馆 CIP 数据核字(2003)第 124694 号

普通高等教育"十一五"国家级规划教材
高等职业教育饭店服务与管理专业教学用书

饭店客房管理
（第 2 版）

朱承强　主　编
叶秀霜　王培来　童凤莲　副主编

出版单位	旅游教育出版社
地　　址	北京市朝阳区定福庄南里 1 号
邮　　编	100024
发行电话	(010)65778403 65728372 65767462(传真)
本社网址	www.tepcb.com
E-mail	tepfx@163.com
印刷单位	北京甜水彩色印刷有限公司
经销单位	新华书店
开　　本	787 毫米×960 毫米　1/16
印　　张	12.5
字　　数	194 千字
版　　次	2014 年 2 月第 2 版
印　　次	2015 年 9 月第 2 次印刷
定　　价	27.00 元

（图书如有装订差错请与发行部联系）

出版说明

根据《教育部关于以就业为导向深化高等职业教育改革的若干意见》的精神和教育部制定的《普通高等教育"十一五"国家级教材规划》的要求，我社对原有旅游高等职业教育教材进行了整理和更新提升。新版高职教材在保持原教材优势的基础上，注重紧密结合行业实际，反映当代社会经济发展的最新面貌，在内容和体系上更加注重满足一线教学的实际需要。

为方便教师教学和学生学习，增设了引言、学习目标、案例分享、本章小结等模块，从而在教师和学生之间搭建一个互动的平台，使教师能够更好地与学生沟通。与原版教材相比，本版教材在编排上主要具有以下显著特征：

精简优化了内容。在初版中，有些教材花大量篇幅介绍某些工种的岗位职责及主要任务，既占课时，又不便于教师教学。再版时，将这部分内容置于附录中，既便于教师灵活运用，又有利于学生分清主次。同时，针对旅游学科实践性强的特点，修订后的教材特别注意增补了一些案例，强化案例教学的作用。在案例的处理上，有些案例有评析，可以帮助学生进一步掌握每章重点；有些案例略去了评析，既给教师布置作业留下了余地，也可供学生自学使用。

更新增补了资料。根据旅游业最新发展情况，此次修订增补了最新行业法规，补充了我国加入世贸组织后的相关内容，更新了旧的材料和数据，使本版教材能充分反映行业的最新发展和业内最新的研究成果。

加强了权威性和专业性。本版教材的作者均为业内专家，有着丰富的教学经验及旅游企业的管理经验，能将教材中的"学"与"用"这两个方面很好地统一起来。在此基础上，经杜江等业内权威专家把关和专业编辑审读加工，确保了本版教材的权威性和专业性。

贴近教学的全新编排。增引言，帮助读者更好地理解各章内容；拟学习目标，帮助教师更好地与学生沟通；补特别提示、拓展知识、案例分享、思考与练习，让学生尽快消化所学知识；改目录风格，人性化的设计，面面俱到，全书内容一览无余。

经过教育部组织的专家评审，我社"旅游高等职业教育系列教材"中的大部分被批准列入普通高等教育"十一五"国家级规划教材，实现了行业教育与职业教育的平稳对接。

作为全国唯一的旅游教育专业出版社，有着丰富的旅游教育专业教材的编辑出版经验和庞大的专业作者队伍，我们将不负众望，力求把最专业权威的教材奉献给广大读者，为发展我国旅游教育事业作出更大贡献。

旅游教育出版社

目录

第一章 概述 1
课前导读 1
教学目标 1
第一节 饭店业概述 1
一、世界饭店业的发展 2
二、中国饭店业的发展 2
三、饭店的类型 5
四、饭店的等级 6
第二节 饭店中的客房部 7
一、客房部在饭店中的地位和作用 7
二、客房部的工作任务 9
三、客房部组织机构设置的原则 9
四、客房部组织机构设置 10
五、客房部工作岗位设置及职责 12
六、客房部与其他业务部门的关系 12
案例 16
本章小结 18
思考与练习 18

第二章 客房产品的设计布置 19
课前导读 19
教学目标 19
第一节 客房楼层的建筑规划 19
一、客房楼层类型的分析 20
二、客房楼层功能的设计 24
三、客房楼层规模的确定 27

第二节　客房产品的设计原则 ·· 28
一、客房的基本类型 ·· 28
二、客房类型配置的依据 ·· 29
三、客房设计布置的原则 ·· 29

第三节　客房室内功能布局及陈设布置 ·· 35
一、客房室内功能布局 ·· 35
二、客房设备的分类与配备趋势 ·· 37
三、客房室内陈设布置 ·· 40

第四节　特殊客房楼层的配置 ·· 45
一、行政楼层(客房) ·· 45
二、全套房饭店(楼层) ·· 46
三、女士客房 ·· 46
四、无烟楼层(客房) ·· 47
五、残疾人客房 ·· 47

案例 ·· 48
本章小结 ·· 49
思考与练习 ·· 49

第三章　客房服务管理 ·· 50
课前导读 ·· 50
教学目标 ·· 50

第一节　客房服务模式 ·· 50
一、楼层服务台 ·· 50
二、客房服务中心 ·· 51
三、选择客房服务模式的依据 ·· 52

第二节　客房服务项目及内容 ·· 53
一、住客的类别及对客房服务需求的分析 ·· 53
二、客房服务项目的设立原则 ·· 55
三、客房服务项目的主要内容 ·· 56
四、客房个性化服务的提供 ·· 63

案例 ·· 66

第三节　客房服务工作管理 ·· 67
一、客房服务工作管理的任务 ·· 67
二、客房服务工作的管理内容 ·· 67

案例 ··· 73
　　第四节　客房的安全保卫工作 ··· 74
　　　一、客房安全的意义 ··· 74
　　　二、客房安全工作的基本环节 ······································· 74
　　　三、客房安保工作的具体内容 ······································· 76
　　小资料 ·· 81
　　本章小结 ·· 83
　　思考与练习 ·· 84

第四章　客房与公共区域的清洁保养 ··· 85
　　课前导读 ·· 85
　　教学目标 ·· 85
　　第一节　清洁保养原理 ·· 85
　　　一、清洁保养特性 ·· 85
　　　二、脏污的表现形式 ·· 86
　　　三、清洁保养的概念 ·· 86
　　　四、清洁保养的意义 ·· 87
　　第二节　客房的清洁整理 ·· 87
　　　一、客房清洁整理标准的制定 ······································· 87
　　　二、客房日常清洁整理的内容及工作程序 ····························· 91
　　　三、客房周期清洁的意义及内容 ····································· 98
　　　四、客房卫生检查制度与标准 ······································· 99
　　案例 ·· 102
　　第三节　公共区域的清洁保养 ··· 103
　　　一、公共区域的日常清扫 ··· 103
　　　二、地面构造常识及其清洁保养方法 ································ 107
　　　三、地毯的清洁与保养 ··· 115
　　　四、墙面的清洁与保养 ··· 121
　　第四节　清洁设备与清洁剂 ··· 123
　　　一、清洁设备 ··· 123
　　　二、清洁剂 ··· 126
　　第五节　创建"绿色客房"活动 ·· 129
　　　一、创建绿色饭店的意义 ··· 129
　　　二、创建"绿色客房"的具体措施 ··································· 130

本章小结 ·· 132
思考与练习 ·· 132

第五章 客房部门资产管理和成本控制 ················ 133
课前导读 ·· 133
教学目标 ·· 133
第一节 客房设备的管理 ······························ 133
一、客房设备的分类和选择 ···························· 134
二、客房设备的使用与管理 ···························· 136
三、客房设备配置的新趋势 ···························· 141
第二节 客房用品的控制 ······························ 142
一、客房用品的分类和选择 ···························· 142
二、客房用品消耗定额的制定 ·························· 144
三、客房用品的日常控制 ······························ 145
第三节 布件的管理和控制 ···························· 146
一、布件的分类和选择 ································ 146
二、布件的管理和控制 ································ 149
三、布件的保养及贮存 ································ 152
第四节 客房成本费用预算的编制 ······················ 153
一、编制预算的依据 ·································· 154
二、编制预算的原则 ·································· 154
三、编制预算的范例 ·································· 155
四、预算的执行与控制 ································ 156
第五节 客房成本控制与经营效益分析 ·················· 157
一、客房成本控制的方法 ······························ 157
二、客房经营指标的类型 ······························ 159
三、客房经营效益分析及评价 ·························· 160
四、盈亏临界分析与应用 ······························ 163
本章小结 ·· 166
思考与练习 ·· 166

第六章 客房部的劳动管理 ···························· 167
课前导读 ·· 167
教学目标 ·· 167

第一节　人员的配备和安排 ······················· 167
　一、客房服务模式的确立 ······················· 167
　二、预测客房工作量 ··························· 168
　三、确定员工劳动定额 ························· 168
　四、确定员工配备数量 ························· 169
　五、劳动力安排及劳动力成本控制 ··············· 170
第二节　人员的选择、培训与评估 ················· 171
　一、用人标准的确定及人员选择 ················· 171
　二、人员培训的意义、方法和内容 ··············· 172
　三、工作评估与激励 ··························· 182
本章小结 ······································· 186
思考与练习 ····································· 186

附录　客房部主要岗位的职责 ················· 187
后　记 ····································· 190

第一章 概述

课前导读

对于一家饭店而言,客房是其必不可少的基本设施,满足客人住宿的需求仍是现代饭店最基本、最重要的功能。作为饭店最重要的部门之一,客房部负责饭店所有客房的清洁和保养工作,为客人提供多样的客房服务,为客人创造一个清洁、美观、舒适、安全的住宿环境。不论是从饭店营业收入的构成中,还是从整个饭店的服务质量和运行产生的影响来看,客房部都占有非常重要的地位。

教学目标

- 了解饭店业的基本情况
- 理解客房部在饭店中的地位和作用,明确客房部各岗位的工作职责
- 熟悉饭店客房部和有关部门日常沟通的工作内容
- 知晓作为客房部经理应具备的能力和知识

第一节 饭店业概述

饭店是伴随着人类旅行活动的开展而出现的,古今中外莫不如此。饭店最初的功能是为旅途中的人们提供过夜住宿服务。随着人类社会的发展和经济的发达,饭店的服务功能及服务范围已大大拓展,其设备设施的装备水平及服务手段日趋现代化、专业化。在现代社会中,饭店已成为具有向客人提供住宿、餐饮、购物、会展、商务、娱乐、健身等诸多功能的综合性服务企业,在服务于外来的旅行者、旅游者的同时,也服务于当地社会及居民。拥有各种不同等级、类型、规模、经营方式的众多饭店所组成的饭店业已成为现代社会中一个令人瞩目、具有很大发展潜力的新型产业。

一、世界饭店业的发展

世界饭店业,大体经历了客栈时期、大饭店时期、商业饭店时期和现代饭店时期四个发展阶段。

客栈时期,一般指12世纪到19世纪初这段漫长的历史时期。前期的客栈,规模小、设备简陋,多设在乡间或小镇,仅能满足旅客食宿和安全这样一些最基本的需求。后期的客栈较之前期的客栈有了很大改善,往往成为当地社会、政治与商业活动的重要场所。

大饭店时期,一般指19世纪中期到20世纪初,1850年巴黎大饭店的建成是这一阶段的开始。大饭店和客栈有着许多根本的区别。大饭店建在繁华的大都市,规模宏大,建筑与设施豪华,装饰讲究。饭店的服务是第一流的,讲求礼仪,主要接待王室、贵族、官宦和社会名流。饭店投资者和经营者的根本兴趣是取悦于社会上层,求得社会声誉,往往不太注重经营成本。

本时期饭店经营者的代表人物恺撒·里兹(Caeser Ritz)提出了"客人永远是对的"这样的饭店经营理念。大饭店时期的许多经营与服务的哲理和信条至今仍在世界饭店中被奉为圭臬,恪守不渝。

商业饭店时期,大约从20世纪初到50年代。美国的饭店业先驱埃尔斯沃思·斯塔特勒(Ellsworth Statler)被公认为商业饭店的创始人,他于1908年在纽约州水牛城所创造的斯塔特勒饭店,被誉为世界现代商业饭店的里程碑。商业饭店时期是国际饭店史中最为重要的阶段,也是世界各国饭店业最为活跃的时代,它从各方面奠定了现代饭店业的基础。商业饭店的特点是设备舒适完善,服务项目齐全,价格合理,经营活动商品化,以追求利润为目的,以接待从事商业活动的旅行者为主。

现代饭店时期,大约从20世纪50年代开始至今。自20世纪50年代起,随着国际旅游业的发展,世界上一些大的饭店公司以出售特许经营权与签订管理合同等形式,进行国内甚至跨国的连锁经营,逐渐形成了一个个使用统一名称、统一标识,在饭店建造、设施设备、服务程序、管理方法等方面实行统一标准,共同进行宣传促销、客房预订、物资采购与人才培训的饭店联号。饭店的功能日趋多样,既能满足外来旅游者食宿、娱乐、健身和商务活动的需求,也能作为当地社会活动的重要场所。在经营管理上,注重用科学的手段进行市场营销、成本控制、人力资源开发等;在设备设施上,广泛引入适合饭店服务及运行所需要的各种高新科技产品。

二、中国饭店业的发展

中国饭店业是一个既古老又年轻的行业。在中国,饭店业已有三千多年的历史,曾经历了古代至19世纪中期的驿站、客栈时期;19世纪末,随着资本主义生产方式的输入而出现一批大型西式饭店。中华人民共和国成立,特别是随着改革开放政策的实行,使我国饭店业进入迅速发展的新型饭店时期。狭义上的中国饭店业,主要指以接待境外宾客为主的旅游饭店业,它在中国还是一个年轻的行业。从1978年起至今,大体经历了四个发展阶段。见下页表1-1和图1-1。

第一阶段,1978年~1983年,饭店业的初创阶段。这一时期的饭店,很大部分是从以前的政府高级招待所转变而来的,处于从原来的接待型事业单位向经营型企业单位转化的时期。

第二阶段,1983年~1988年,饭店业的稳步发展阶段。饭店业基本完成了由事业单位管理向企业管理的转变,迅速走上了科学管理的轨道。1984年开始在全行业推广北京建国饭店科学管理方法。建国饭店是北京第一家中外合资的饭店,也是全国第一家聘请海外饭店管理集团管理的饭店。1984年3月,中央和国务院领导指示,国营饭店也应按照北京建国饭店的科学办法管理。通过推行这套管理方法,全国饭店业在102家试点单位带动下,在管理上、经营上、服务上都发生了深刻的变化,迈上了饭店科学管理之路。

第三阶段,1988年~1994年,推行星级评定制度,使我国饭店业进入了国际现代化管理新阶段。到1988年,我国饭店业已拥有旅游涉外饭店[①]1 496家,客房22万间。为了使我国迅速发展的饭店业走向规范化的有序发展道路,并与国际饭店业标准接轨,1988年9月,经国务院批准,国家旅游局颁布了饭店星级标准,并开始对旅游涉外饭店进行星级评定。我国的饭店星级标准,是在对国内外大量调查研究的基础上,参照国际上的通行标准并结合我国实际情况,在世界旅游组织派来的专家指导下制定出来的。该标准在1992年经国家技术监督局批准,定为国家标准。饭店星级是国际饭店业的通用语言。我国饭店业实行星级制度,可以促使饭店服务和管理符合国际惯例和国际标准,它既是客观形势发展的需要,也是我国饭店业进入规范化、国际化、现代化管理新阶段的一个标志。

第四阶段,1994年到目前,我国的饭店业逐步向专业化、集团化、集约化经营管理方向迈进。20世纪80年代以来,国际上许多知名饭店管理集团纷纷进入中国饭店管理市场,向我国的饭店业界展示了专业化、集团化管理的优越性以及现代饭店业发展的趋势。十几年来,我国的饭店业正在逐步改变以前计划经济时代所带来的"谁建谁管,各自为政"的局面。截至1998年10月,在国家旅游局登记注册的中国自己的饭店管理公司已有四十余家,管理了上百家的国内饭店,与二十多家境外饭店管理公司形成了平分天下的格局。1998年在国际上分别排名第81位、206

---

① 2003年12月1日实施的中华人民共和国国家标准GB/T 14308—2003《旅游饭店星级的划分与评定》代替GB/T 14308—1997《旅游涉外饭店星级的划分与评定》,规定用"旅游饭店"取代"旅游涉外饭店"。

位的上海锦江集团和北京凯莱集团,是众多中国饭店管理集团中的优秀典范。另外,20世纪90年代中后期,我国饭店业在总量急剧增加的同时,受到国际国内经济的影响,经营效益滑坡,"走集约型发展之路"越来越成为饭店业界的共识,即从单纯追求总量扩张、注重外延型发展向追求质量效益、强化内涵型发展转变。

表1-1 我国旅游饭店发展数据表

年份	饭店数	客房数
1978	203	32 000
1985	505	77 000
1988	1 496	220 000
1992	2 354	351 000
1995	3 720	486 000
1997	5 201	701 000
1998	5 782	764 000
1999	7 035	889 400
2004	10 888	1 237 900
2005	11 828	1 332 100
2007	13 585	1 573 800
2009	14 237	1 673 500
2010	13 391	1 474 900
2011	13 513	1 476 400

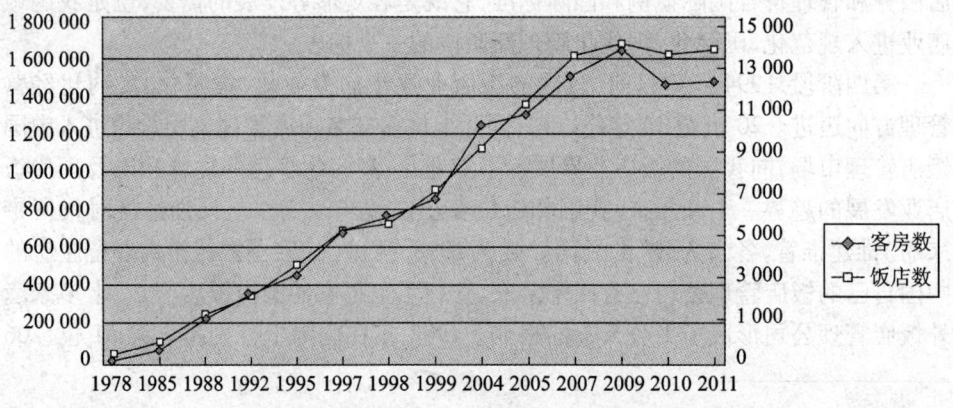

图1-1 我国旅游饭店发展示意图

饭店业是由各种类型、各种等级的饭店所组成的。饭店分类、分等有利于各类、各等的饭店塑造自身在市场上的形象,明确自己的市场定位,同时也能使客人在选择饭店时有明确的目标。

三、饭店的类型

根据某种特定的评判标准将饭店分类,可以反映饭店的某些主要特征。由于历史的演变、传统的沿袭、地理位置与气候条件的差异及饭店用途、功能、设施的不同,世界各地的饭店分类方法多种多样。根据传统分类方法,一般把饭店分为四种类别。

1. 暂住型饭店

此类饭店一般位于城市,靠近商业中心,以接待商务旅行者为主,同时接待各类旅行者和旅游者。该类饭店的客人在饭店平均逗留时间较短,客人流动量大。这类饭店适应性广,在饭店业中所占的比例最大。

2. 长住型饭店

也称公寓式饭店。此类饭店一般采用公寓式建筑的造型,以接待长住客人为主。该类饭店的设施及管理较其他饭店类型简单,只向住店客人提供住宿、餐饮等基本服务。饭店与客人之间需通过签订租约的形式,确定一种法律关系。长住型饭店的客房多采用家庭式布局,以套房为主,配备适合客人长住的家具和电气设备供客人自理饮食。服务上讲究家庭式气氛,特点是亲切、周到、针对性强。从发展趋势来看,长住型饭店一是向豪华型发展,即服务设施与项目日趋完备;二是分单元向住店客人出售产权,成为提供饭店服务的共管式公寓(Condominium)。

3. 度假型饭店

也称游览地饭店。此类饭店多建于海滨、山区、温泉、森林等地,以接待游乐、度假的客人为主。饭店除提供普通饭店应有的服务之外,还为度假者提供必要的文化娱乐、健身、学习等综合服务,如滑雪、骑马、高尔夫球、捕钓、狩猎、冲浪等。现代度假型饭店已从传统的夏季或冬季营业转为全年营业,并引进商务型饭店的一些经营方式。度假型饭店与商务型饭店相结合,是未来饭店发展的一种方向。

4. 汽车旅馆

它是随着汽车的迅速普及和高速公路的大力建设而逐渐产生的一种新型住宿设施,以接待驾车旅行的客人而得名。最初的汽车旅馆十分简陋,是被称之为"旅游小屋"(tourist cabin)的路边简易住所。到了20世纪五六十年代,汽车旅馆得到很大发展,其设施、设备与普通饭店渐趋一致。游客驾驶着小车,可十分方便地住进公路沿线的汽车旅馆,享受廉价、方便、舒适的住宿、餐饮及其他各种服务。

除传统的分类方法以外,饭店还有其他各种分类法。如根据饭店的客房数量,可以把饭店分成大型饭店、中型饭店和小型饭店。根据饭店计价方式,可以把饭店分成欧式计价饭店、美式计价饭店、修正美式计价饭店、欧陆式计价饭店和百慕大计价饭店五种类别；根据饭店隶属形式，可以把饭店分成独立经营饭店和集团经营饭店两大类别。将饭店分成各种类型，有助于人们全面地认识饭店的特征，有利于饭店自身的推销，也便于饭店之间的比较。

四、饭店的等级

饭店等级是指一家饭店的豪华程度、设备设施水平、服务范围和服务质量等。对客人来说，饭店分等定级可以使他们了解某一饭店的设施、服务情况，以便有目的地选择适合自己要求的饭店。因而，饭店等级的高低实际上反映了不同层次宾客的需求。

目前，世界上约有八十多种饭店等级制，有的是各地饭店协会制定，有的是各国政府部门制定。由于各地区、国家间饭店业发达程度和出发点不同，各种等级制度所采用的标准不尽相同。饭店分等制在欧洲国家较为普遍。法国的饭店分为"1~5星"五级，意大利的饭店采用"豪华、1~4级"制，瑞士的饭店分为"1~5级"，奥地利的饭店使用"A1、A、B、C、D"级，而有的国家和地区则采用"豪华、舒适、现代"或"乡村、城镇、山区、观光"或"国际观光、观光"等分等制，可谓形形色色。但在美国，由于其高度发达的市场经济以及成熟的饭店业，至今尚未有统一的、被普遍接受的饭店等级标准，较有影响的则是美国汽车协会及美国汽车石油公司分别制定并使用的"五花"和"五星"等级制。

如前所述，世界各地各种饭店分等制所采用的标准不尽一致，但各地饭店分等制的依据和内容却十分相似，通常都从饭店的地理位置、环境条件、建设设计布局、内部装潢、设备设施配置、维修保养状况、服务项目、清洁卫生状况、管理水平、服务水平等方面进行评价确定。

我国为适应国际旅游事业发展的需要，尽快提高旅游涉外饭店的管理和服务水平，使之既有中国特色又符合国际标准，于1988年制定了《中华人民共和国评定旅游涉外饭店星级的规定》，并于1988年9月1日起执行。我国国家技术监督局于1993年10月1日起执行。后来该标准又经历了几次修订，现在执行的是2010年10月18日发布并于2011年1月1日起实施的《旅游饭店星级的划分与评定》标准。我国饭店的星级评定，主要是按照饭店的建筑、装潢、设备设施条件和维修保养状况、管理水平和服务质量的高低、服务项目的多寡，进行全面考虑，综合平衡，将饭店划分一星、二星、三星、四星、五星级（含白金五星级）共五个等级。一般来说，五星级饭店属豪华级饭店，其设备设施与服务均要体现现代化特色。四星级饭店亦称一流饭店，其设备设施和服务均应满足经济地位较高的上层消费者的需求。三星级饭店一般为中档或中高档饭店，服务质量较好。二星级饭店为中低档饭店,能满足一般社会公众或家庭旅游者的需求。一星级饭店属经济档饭店,其设备设施和服务能满足普通消费者的基本需求。

第二节　饭店中的客房部

饭店是旅行者到达旅行目的地后寻求的主要设施,并以此为基地进行各种活动以实现其旅行的目的。旅行者对饭店各种设施的需求中,对客房的需求当属首选。旅行者将自己下榻的客房视作旅途的"家"。对饭店而言,客房是其必不可少的基本设施,因为舍之则不能称为"饭店"(Hotel),而饭店中的其他设施则可以根据其规模、等级、市场变化等因素进行增减。在现代饭店中的各种设施日趋多样、丰富,饭店的功能随之增加的情况下,满足客人住宿的需求仍是现代饭店最基本、最重要的功能,客房仍是饭店的主体部分。因此,客房产品是饭店经营的最主要产品。

饭店设有客房部,或称房务部,负责管理客房事务。它负责饭店所有客房的清洁和保养工作,配备各种设备,供应各种生活用品,并且提供多样的服务项目,方便住店客人,为客人创造一个清洁、美观、舒适、安全的理想住宿环境。客房部还负责饭店整个公共区域的清洁和保养工作,使整个饭店在任何时候都处于常新、舒适、优雅宜人的状态。

一、客房部在饭店中的地位和作用

(一)客房收入是饭店经济收入的主要来源

1. 客房营业收入在全饭店营业收入中所占的比例高

客房是饭店销售的主要产品。客房的营业收入一般要占饭店全部营业收入的40%~60%,其中经济型酒店的客房收入甚至占到总收入的80%以上。而对于星级酒店,由于星级的不同,客人的消费习惯和消费模式也有所不同,导致客房收入所占比例也略有差别。根据中国国家旅游局对2011年全国星级饭店基本指标的统计显示,不同星级酒店的客房收入占到了酒店总收入的40%~60%,餐饮收入占30%~50%。其他营业收入占10%~20%(详见表1-2)。

表1-2　2011年全国星级饭店基本指标统计表(按星级分)

指标	单位	五星级	四星级	三星级	二星级	一星级	合计
营业收入总额	亿元	730.94	788.48	658.44	133.94	3.03	2 314.82
客房占营业收入比重	%	44.46%	41.37	40.81	45.50	52.82	42.44
餐饮占营业收入比重	%	34.89	42.82	43.34	43.03	37.69	39.17

续表

指标	单位	五星级	四星级	三星级	二星级	一星级	合计
固定资产原值	亿元	1 632.28	1 559.19	1 176.84	212.99	5.84	4 587.13
利润总额	亿元	64.83	2.09	-6.13	0.54	0.11	61.43
实缴税金	亿元	66.64	69.30	55.55	16.23	0.64	208.36
从业人员年均数	万人	30.95	50.77	56.98	14.91	0.51	154.13
大专以上学历人数	万人	8.83	11.17	9.88	2.12	0.05	32.05

2. 客房的创利率高

客房初建时虽然投资大,但耐用性强,在一次销售后,经过服务员工的清洁整理和补充必备的供应品之后,又可重复销售,获取收入,如此周而复始,不断循环。因此,在客房运营中,其成本和费用较低,部门利润率较高。

3. 客房是带动饭店其他部门经营活动的枢纽

以客房为基础设施的饭店,只有在客人入住饭店并保持较高的住房率时,饭店的其他各种经营设施才能充分发挥效益,如各类餐饮设施、会议设施、商务中心、电话、房内小酒吧,等等。

(二)客房服务质量是饭店服务质量的重要标志

饭店是旅行者在旅行目的地暂时的居留场所,也就是客人在旅途中的"家"。客房是客人在饭店中逗留时间最长的地方,客人对客房更有"家"的感觉。因此,客房的清洁卫生程度,装饰布置是否美观宜人,设备与物品是否齐全,服务人员的态度是否热情、周到,服务项目是否周全丰富等,对客人有着直接的影响,是客人衡量"价"与"值"是否相符的主要依据。客房服务质量的高低,客人感受最敏锐,印象最深刻。

饭店的公共区域也是旅客在旅途中的"家"的组成部分。他们同样希望这些场所清洁、舒适、优雅,并能得到各种他们所期望的服务。同时,必须指出的是,因各种目的进出饭店的社会公众也能直接感受到这些场所的状态。因此,客房部对整个饭店环境、设施的维护及保养工作的效果直接影响到饭店的服务质量及饭店的外观和形象。客房服务质量是衡量整个饭店服务质量及维护饭店声誉的重要标志。

(三)客房部的管理直接影响全饭店的运行和管理

客房部负责饭店环境、设施的维护及保养,为饭店员工保管、修补、发放制服,为餐饮部提供各类布巾等。因此,客房部为饭店其他部门的正常运行提供了良好的环境和物质条件支持。

另外,在饭店建筑总面积和占有的固定资产中,客房部均占有绝大多数。在全体员工总数中,客房系统所需的管理人员和服务人员也占了很大的比例。因此,客房部的管理与饭店的全局管理直接相关,客房部管理是影响整个饭店管理的关键之一。

二、客房部的工作任务

(一)搞好清洁卫生工作,为客人提供舒适的住宿环境

客房部负责饭店所有客房及公共区域的清洁卫生工作。清洁卫生是保证客房服务质量和体现客房价值的重要组成部分。饭店的良好气氛,舒适、美观、清洁的住宿环境,都要靠客房服务员的辛勤劳动来实现。所以,搞好清洁卫生,提供舒适的住宿环境,是客房工作的首要任务。客房部必须通过制定和落实清洁卫生操作规程、检查制度来切实保证清洁卫生质量。

(二)做好宾客接待工作,提供周到的客房服务

客房部还要做好宾客的接待服务工作。它包括从迎接客人到送别客人这样一个完整的服务过程。宾客在客房逗留的时间最长,除了休息以外,还需要饭店提供其他各种服务,如洗衣服务、饮料服务、访客接待、擦鞋服务,等等。能否做好宾客接待工作,提供热情、礼貌、周到的客房服务,使客人在住宿期间的各种需求得到满足,既体现了客房产品的价值,又直接关系到饭店的声誉。

(三)维护和保养客房及设备

客房部在日常清洁卫生和接待服务的过程中,还担负着维护和保养客房和公共区域的设备设施的任务,使之常用常新,保持良好的使用状况,并与工程设备部门密切合作,保证设备设施的完好率,提高它们的使用效率,为客人构筑一个舒适的住宿环境。

(四)控制客房的物料消耗

客房的物料消耗在客房经营的变动成本中占有较大的比重。客房部要根据预测的客房出租率,编制预算,并制定有关的管理制度,落实责任。在满足客人使用、保证服务质量的前提下,控制物品消耗,减少浪费,努力降低成本、减少支出。

(五)负责客衣服务和饭店员工制服及布件用品的洗涤和保管

客房部设有布件房和洗衣房,负责饭店布件和员工制服的洗涤、保管和发放,为全饭店的对客服务提供保障;同时,作为一个服务项目,为住店客人提供洗熨服务,也是饭店的经济来源之一。

三、客房部组织机构设置的原则

饭店内各部门的组织机构是履行管理职能,开展经营活动,完成饭店下达的计

划任务的一种组织形式。根据客房管理的工作任务,客房部门组织机构的建立及岗位的设置应遵循专职分工、统一指挥及高效能的原则。

1. 专职分工的原则

就是明确各机构及岗位的职责和任务,以便各司其职。

2. 统一指挥的原则

是指明确垂直逐层指挥的体系以及指挥的幅度,有效地督导下属人员的工作。

3. 高效能的原则

要求部门内部沟通渠道畅通,逐级分层负责,权责分明,能充分发挥各级人员的积极主动性及聪明才智,提高工作效率,产生较高的工作效能。

四、客房部组织机构设置

(一)适合于大、中型饭店的客房部组织机构实例

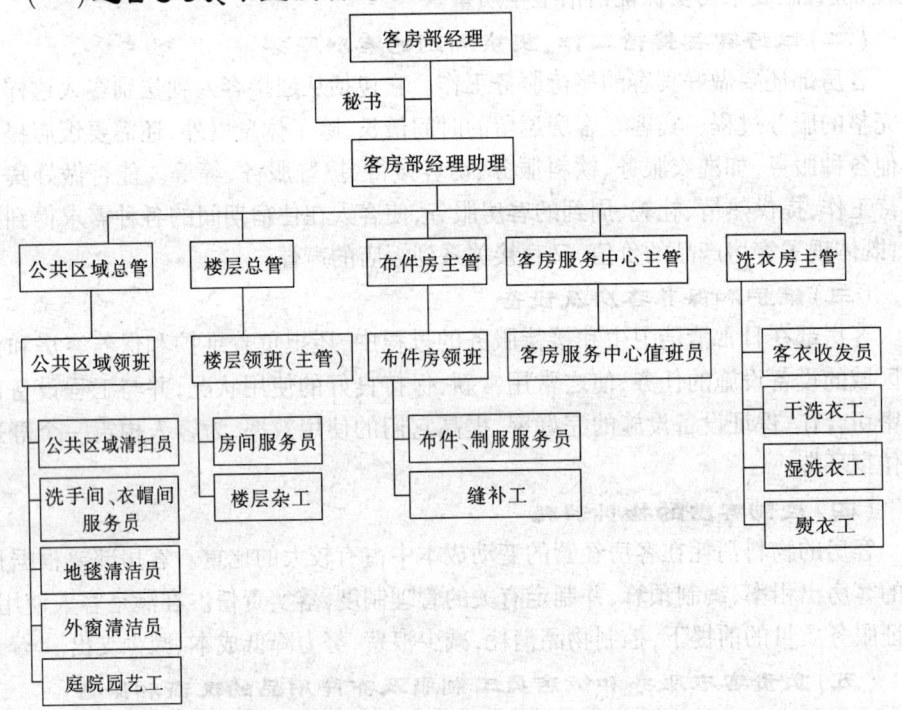

图1-2 大中型饭店客房部组织机构图

见图1-2。该图所示客房各部门的主要内容具体如下:

1. 经理办公室

客房部设经理、经理助理各一名,另有秘书一名,早、晚两班工作人员若干名。主要负责客房部的日常性事务及与其他部门联络、协调等事宜。

2. 布件房

布件房与客房办公室毗邻，设主管、领班各一名，另有缝补工、布件及制服服务员若干名。主要负责饭店的布件和员工制服的收发、送洗、缝补和保管。

3. 客房楼层服务组

设总管一名，早班、晚班两个楼层主管或领班若干名，下设早班、晚班和通宵班三个楼层清洁组及早班、晚班两个楼层服务组。主要负责楼层的清洁卫生工作和接待服务工作。

4. 公共区域服务组

设总管一名，早班、晚班及通宵主管或领班各一名。下设早班、晚班和通宵班三个清洁组及早班、晚班两个洗手间及衣帽间服务组。因地毯、外窗的清洁工作及庭院园艺工作的专业性极强，所以专设地毯清洁工、外窗清洁工及园艺工。该组主要负责饭店范围内公共区域的清洁打扫以及衣帽间、洗手间的服务工作。

5. 客房服务中心

设主管及值班人员若干名，开设早、晚、通宵三个班次。主要负责统一安排、调度对住客的服务工作，并负责失物招领事宜。

6. 洗衣房

设主管一名，下设客衣收发员、干洗衣工、湿洗衣工、熨衣工若干名。主要负责洗涤客房部、餐饮部等所需的布件、棉织品和全体员工的制服，同时提供衣物洗熨服务。有的饭店的洗衣房属工程部管辖，也有些饭店的洗衣房因其规模大而成为一个单独的洗衣部。也有不少饭店不设洗衣房，洗涤业务由专业洗衣店代理，由布件房负责送洗及接收。

（二）适用于小型饭店的客房组织机构实例

在规模较小的饭店里，客房部组织机构中层次减少了，简洁明了地保留三条主线，即楼层客房服务组、公共区域服务组及布件房（见图1-3）。由于不设统一调度的客房服务中心，对住客的服务工作由楼层客房服务员直接承担。为保证服务质量，可设专职招待员。公共区域服务组内不设专门的清洁工种，一些专业性强的清洁工作如地毯清洗、外墙清洁可包给专门的清洁公司担任。小型饭店一般不设洗衣房，客房、餐厅等所需的布件、布巾及客房的洗熨由专门洗衣公司来承接。

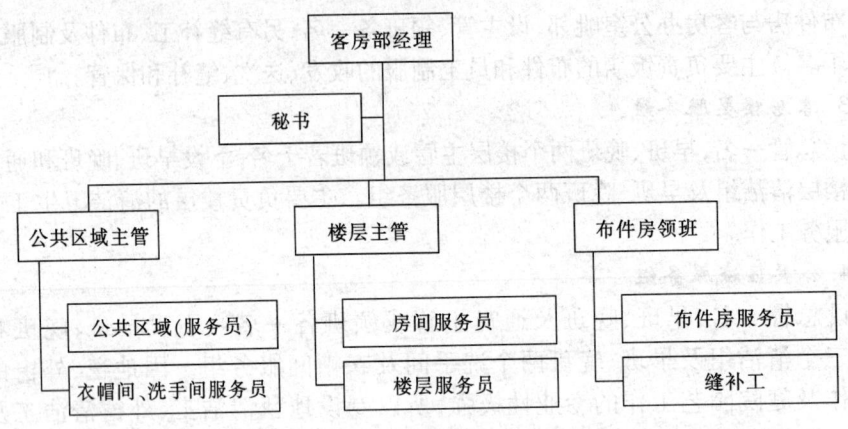

图1-3 小型饭店的客房部组织机构

五、客房部工作岗位设置及职责

分工是工作岗位设置的基础工作。分工就是将需要完成的工作分解成不同的操作工序,每个员工负责完成其中某一个工序。经过分工以后,设置具体的工作岗位并明确每个岗位所配备的人数,其原则是"因事设岗",切不可"因人设位"。

专业分工是现代企业组织管理的原则之一,有利于提高员工的专业化程度,上下工序之间的有机衔接,整体工作有序顺畅地进行,也有利于提高服务工作及管理工作的效率。

专业分工及岗位设置也应是动态的,应根据饭店及部门的经营目标、工作任务的调整以及组织内部各种相关因素的变化而作出适时的调整,如客源结构的变化、科技手段的应用等,都可能创造新的工作岗位或改变工作岗位的内容,也可能淘汰一些工作岗位。又如,随着员工素质的提高,可适当调整一些分工过细的岗位设置,使员工的工作内容丰富和扩大。

客房部各岗位的职责见附录。

六、客房部与其他业务部门的关系

饭店,是由多个部门组成的一个有机整体,其运行与管理的整体性、系统性和协作性很强。饭店经营管理目标的实现,有赖于所有部门及全体员工的通力协作和共同努力。对于各个部门而言,它们都是饭店的一部分,虽然各有自己的任务和目标,但都不是独立的。要完成其任务、实现其目标,部门之间就必须相互支持、密切配合。因此,客房部在运行管理中,必须高度重视部际关系。一方面,要利用自身条件,像对待贵宾一样地为其他部门提供优质服务;另一方面,要与其他部门保持良好的沟通,争取他们的理解、支持和协助。在处理部际关系过程中,要有全局观念和服务意识,发扬团队精神,加强沟通,相互理解,主动配合。要使客房部与其他部门建立和保持良好的协作关系,必须了解客房部与其他部门有哪些业务联系。

(一)客房部与前厅部的业务关系

饭店的客房部和前厅部,是两个业务联系最多、关系最密切的部门。从经营角度讲,客房部是客房生产部门,前厅部是客房产品的销售部门。两个部门之间能否密切配合,直接影响饭店客房的生产与销售。在很多饭店里,已不再分设客房部和前厅部,而是设置由这两个部门组成的房务部,其目的是便于统一管理、减少矛盾。

客房部与前厅部之间的业务关系是多方面的。

1. 客房部为前厅部及时提供保质保量的客房,满足前厅部客房销售和安排的需要

客房部在安排客房的清扫整理时,应尽量照顾前厅客房销售和为入住客人安排客房的需要。在住客率较高时,要优先清扫整理走客房、预订房和控制房,从而加速客房的周转,避免让准备入住的客人等候太久。这样既能提高客房的出租率,又能提高客人的满意度。

2. 相互通报和核对客房状况,保证客房状况的一致性和准确性

对于前厅部来说,要销售客房,并能快速、准确、合理地为入住客人安排客房,就必须准确地显示和了解每一间客房当时的实际状况,否则就会出现差错。对于客房部来说,要合理安排客房清扫整理工作、保证对客服务的质量,也必须准确地了解每间客房的状况。为此,前厅部和客房部须适时地通报和核对客房状况。

3. 相互通报客情信息

由于前厅部在客房销售和接待服务过程中,所了解和掌握的有关客房及客人的信息比较及时、全面,因此,前厅部应将这些信息及时通报给有关部门。其中,前厅部向客房部通报的信息主要包括:当日客房出租率、次日及未来一段时间的客房预订情况;饭店的重大接待活动;客人进离店的情况;客人的个人资料及对客房的特殊要求等。客房部可根据这些信息合理安排人力、物力,设计和调整对客服务方案,以加强工作的计划性和服务的针对性,有效控制人力、物力消耗,保证服务质量。

客房部在对客服务中对客人的具体情况及要求了解得比较全面、准确,客房部要及时将这些情况反馈给前厅部,便于前厅部做好客史档案的记录工作。另外,客房部还应在日常工作中协助前厅部做好诸如行李服务、留言服务、邮件服务、叫醒服务等重要工作。

4. 与前厅部共同安排客房的维修保养工作

客房的维修保养工作往往会影响客房的销售和客房的安排,同时也会牵涉到前厅、客房、工程等各个部门。因此,这方面的工作最好由相关部门一道协商安排。

5. 两部门人员之间的交叉培训

在前厅部和客房部之间进行的人员交叉培训,不但可以使员工之间相互了解和熟悉对方的业务,以达到加强沟通、增进理解、便于合作的目的;而且可以全面提高员工的业务能力,在营业旺季时,可在部门之间进行临时性人员的调配,从而为饭店的劳动力控制起到一定的推动作用。

(二) 客房部与工程部的业务关系

客房部和工程部的关系十分密切,相互之间的矛盾也比较多。两部门能否很好地协调与配合,对于饭店的运行会产生很大的影响。他们之间的业务关系主要包括相互配合与交叉培训两个方面。

1. 相互配合,共同做好有关维修保养工作

发生在客房部与工程部之间的有关维修保养方面的矛盾主要有:责任不清、维修不及时、质量不过关、费用不合理等。为此,两部门应分别做好以下几点:

(1) 客房部负责对其所辖区域和所管的设施、设备进行检查,发现问题尽可能自己解决,不能解决时,须及时按规定程序和方式向工程部报告。

(2) 工程部接到客房部的报告后,须及时安排维修,并确保质量、严格控制费用。

(3) 当工程维修人员进场维修时,客房部的有关人员应尽力协助和配合,并对质量进行检查验收。

(4) 共同制定有关维修保养的制度和程序,明确规定双方的责任、权利和奖惩措施。

2. 交叉培训

(1) 工程部对客房部员工进行维修保养方面的专门培训,使他们能够正确使用有关设施、设备,并能对设施设备进行检查和简单的保养与维修。

(2) 客房部对工程部有关员工进行客房部运行与管理业务的培训,使他们对客房部的运行规律和基本业务有所了解,从而提高协作配合的自觉性和责任感。

(三) 客房部与采购部的业务关系

客房部与采购部的业务关系主要集中在物资的采购与供应方面。

(1) 客房部提出申购报告。客房部要了解本部门所需各项物资的现存量、预测未来一段时期的需求量及目前饭店仓库的盘存量,并根据这些情况提出未来某一时期的物资申购报告,然后将报告送财务等部门审核,再由饭店有关领导审批。

(2) 采购部根据经审批的物资申购报告,经办落实具体的采购事宜。

(3) 客房部参与对购进物资的检查验收,把好质量和价格关。

(4) 两部门之间相互通报市场及产品信息。

(四) 客房部与餐饮部的业务关系

虽然客房部与餐饮部在业务内容上有很大的差异,但两个部门之间也有很多

业务联系,主要表现在以下几点:

(1)客房部负责餐饮部营业场所的清洁保养工作。为保证餐饮服务人员集中精力做好餐饮服务工作,节省清洁设备和清洁用品的分散配置等,餐饮营业场所的清洁保养工作通常由客房部下属的公共区域清洁组负责。

(2)客房部负责餐饮部所有部件及员工制服的洗烫、修补工作。

(3)为酒店的大型接待活动做好协调配合工作。客房部和餐饮部常常作为酒店大型接待活动的主要接待部门,因此,两部门必须密切配合,在事前、事中、事后全过程中相互支持。

(4)两部门配合做好贵宾房的布置、客房送餐等服务工作。饭店在接待贵宾时,房间中大多配备水果和点心之类,以体现一定的接待规格,而这些水果、点心通常由餐饮部负责提供,并按一定的标准在客房内布置摆放。因此,凡有这些要求的贵宾房,都须由餐饮部参与布置。

(5)交叉培训。客房部和餐饮部之间,也有必要进行人员的交叉培训。

(五)客房部与财务部的业务关系

客房部与财务部的业务联系主要体现在以下几点:

(1)财务部指导和帮助客房部做出部门的预算,并监控客房部预算的执行情况。

(2)财务部指导、协助并监督客房部做好物资管理工作。

(3)客房部协助财务部做好客人账单的核对、客人结账服务和员工薪金支付等工作。

(六)客房部与保安部的业务关系

(1)保安部指导和帮助客房部制订安全计划和安全保卫工作制度。

(2)保安部对客房部员工进行安全保卫的专门培训,以增强客房部员工的安全保卫意识,提高客房部员工做好安全保卫工作的能力。

(3)客房部积极参与和配合保安部组织的消防演习等活动。

(4)客房部和保安部相互配合做好客房安全事故的预防与处理工作。

(七)客房部与公关营销部的业务关系

现代饭店提倡全员营销的理念,要求每个部门、每个人都参与饭店的公关营销活动。因此,客房部也必然要和公关营销部发生很多业务联系。

(1)客房部配合公关营销部进行广告宣传。

(2)客房部参与市场调研及内外促销活动。

(3)公关营销部及时将有关信息反馈给客房部,为客房部提高客房产品和客房服务质量提供指导和帮助。

(4)部门之间的交叉培训。公关营销部对客房部员工进行饭店公关营销技能的专项培训,以提高其公关营销能力;客房部对公关营销部人员进行客房产品知识的培训，使其对客房设施、设备及客房服务有全面的了解，以提高其销售工作的准确性与针对性。

（八）客房部与人力资源部的业务关系

(1) 人力资源部审核客房部的人员编制。
(2) 相互配合做好客房部的员工招聘工作。
(3) 人力资源部指导、帮助、监督客房部做好员工的培训工作。
(4) 人力资源部对客房部的劳动人事管理行使监督权。
(5) 人力资源部负责审核客房部的薪金发放方案。
(6) 人力资源部协助客房部进行临时性人员调配。

☞ 案例

ABC饭店如何犯了大错

周一上午10:00，在开完一个销售会议后，销售员萨拉女士给前厅部经理雷·史密斯就别克巴克先生一事发了个短函。别克巴克先生是XYZ公司的一名董事，这家国际大公司今后两年的客房预订，可能意味着一笔50万美元的业务——要是能说服别克巴克先生将一些团体会议及其他业务安排在自己饭店就好了。他预定今日下午1:30到达饭店。萨拉希望对他的接待完美无缺。

亲爱的雷：

我仅仅想提醒一下，XYZ公司的别克巴克先生将于今天下午1:30到达我店，他将在此住一个晚上。务必让他享受全套贵宾待遇。此前，我已数次与他通过电话，并准备下月与他会面，商谈有关他带给我店预订业务的可能性。但这次我无法在他的来访中与他接触，因为今天上午我就将飞往达拉斯。

不必担心，这次我没忘记开出贵宾名单，这会儿他们应该已经都收到了。

萨拉敬上

上午10:30 为了让雷明白别克巴克先生是何等重要，萨拉亲自将这份备忘录送往前厅部。但雷正好开会不在，萨拉将备忘录放在桌子上，相信雷一回来就能看到它。

上午11:10 雷从会议上溜出了几分钟，回办公室查看信函，看到了萨拉留给他的短函。他准备回去开会时，将它放在总服务台。

上午11:20 总服务台服务员是伊伏特。雷走过来把萨拉的纸条放在伊伏特的电脑键盘旁，让他办妥此事。伊伏特边点头边继续为客人办理入住手续。

上午11:45 伊伏特利用了个空当，读了雷留下的纸条内容，并迅速和行政管家盖尔通了话："嗨，盖尔，我是总台的伊伏特。我们有一位贵宾别克巴克先生，将于下午1:30抵店,我现在把816的房态由可租房改为待修房直至你们做好贵宾布置,好吗?谢谢。"

上午11:50 "为什么总是在我们员工用餐或休息时把突击任务通知我?"盖尔一边抱怨一边要求两位最优秀的员工中断用餐,跟他去816房间布置房间并准备好了贵宾礼品,直至把贵宾房布置到叹为观止的水平。

下午4:35 别克巴克先生经过长途飞行抵达饭店,看上去衣冠不整,他是和其他4人一起坐出租车过来的。大厅挤满了办理入住的人。他走到总台僻静的一侧等候,直到有位总台接待员琼忙完了团队入住。

琼很快完成了别克巴克先生的入住登记程序。她微笑着并也记得要保持与宾客的目光接触,给了别克巴克先生616房间的钥匙。

下午4:40 当别克巴克先生打开616房门,他发现房内没有任何布置,连一封欢迎信都没有。

下午5:15 罗基医生,一位来自奥马哈的牙医,双手提着箱子走向总台。总台接待员给了他816房间的钥匙。为了节约开支,他谢绝了行李员的服务,自己来到了房间。

下午5:35 看到如此精心保养的套房,他决定好好享受一下。他高兴地吃起奶酪和苏打饼干,一边好奇地打量着他以前从未见过的那包糖果,他看到了化妆台上有一张便条:

亲爱的别克巴克先生:

我们希望您在ABC饭店快乐顺心。如有什么事需要我们帮助,请随时通知我们。

总经理 吉姆·汤姆森

下午5:40 别克巴克先生与饭店的销售总监同乘一部电梯下楼,彼此未打招呼。

下午6:00 罗基医生换上便装,到饭店周围走一走。他想明天早晨再打电话去总台问清楚这些礼品的来龙去脉。

周二上午8:30 别克巴克先生准备回去。在总台,接待员的服务格外的友好和高效。途中他和雷·史密斯擦肩而过。

案例分析:

1. ABC饭店在哪些方面做错了?

2. 在别克巴克先生住店期间有什么方法可以发现错误,有什么方法可以弥补失误?现在可以做些什么来弥补失误呢?

3. 饭店应制定什么样的程序来防止将来再次出现类似的一连串错误?

本章小结

1. 客房部作为饭店中的重要部门,在营业收入构成、服务质量、影响整个饭店运行等方面占有重要的地位。

2. 做好清洁保养工作、提供周到的客房服务是客房部最主要的任务。

3. 建立合理的组织机构和制定完善的岗位职责是做好客房管理工作的重要保证。

4. 搞好客房部的经营离不开饭店其他部门的通力合作,因此,熟悉客房部与饭店其他部门的日常沟通内容就显得十分重要。

 思考与练习

1. 饭店通常可以分为哪几种类型?
2. 客房部对整个饭店运行产生的影响主要表现在哪些方面?
3. 大中型饭店客房部的组织机构包括哪些服务组?其各自的职责有哪些?
4. 你认为客房部与饭店中的哪些部门联系最为紧密?为什么?
5. 客房部和前厅部的业务关系主要表现在哪些方面?
6. 客房部与工程部在日常工作中的协调配合主要表现在哪些方面?
7. 客房部的工作与餐饮部的工作有哪些异同之处?

第二章　客房产品的设计布置

课前导读

客房是饭店的基本设施。饭店的投资中有相当一部分是用于客房的土建、内外装修和设施购置。客房也是饭店经营的主要部分，出租客房是饭店的主要任务，也是饭店设计的一个重点。力求使饭店客房具有独特的风格和一定等级的舒适程度，给客人留下良好的印象，是饭店经营者追求的目标。饭店客房产品设计布置是否合理，直接影响饭店经营效益和对客服务质量。

教学目标

- 了解客房设计布置的基本常识
- 领会客房类型配置的基本原则
- 掌握客房产品设计的原则
- 把握客房设计的趋势

第一节　客房楼层的建筑规划

客房楼层面积占整个饭店总面积的65%~85%。如果能在楼层的设计中节省面积，给整个饭店带来的效益就会十分可观。如何在客房楼层的设计中千方百计地增加客房数量，提高客房楼层的有效使用面积，是饭店客房产品设计中极为重要的一环。

不同国家、地区，不同等级的饭店，客房建筑面积占总建筑面积的比例是不同的。有的饭店因提供众多出租商场设备或社交活动场所而减少了客房部分面积比例；有的饭店因服务设施简单而相对增加了客房部分面积。我国部分新建饭店的客房部分面积指标如表2-1。

表 2-1　国内部分饭店客房部分面积状况

饭店名称	客房间数	客房部分面积(m²)	平均每间客房的建筑面积(m²)	占总建筑面积的百分比(%)
北京燕京饭店	574	22 660	39.48	55.64
北京建国饭店	529	21 307	40.28	71.95
北京长城饭店	1 007	43 648	43.34	52.95
北京昆仑饭店	800	47 785	59.73	56.73
上海希尔顿饭店	800	40 245	50.31	47.97
上海太平洋大饭店	745	36 550	49.06	54.39
上海扬子江大酒店	612	28 357	46.33	57.78
上海银河宾馆	844	38 867	46.05	59.46
郑州国际饭店	264	10 115	38.31	44.41

一、客房楼层类型的分析

客房楼层的建筑结构主要有板式、塔式和内天井式三种,每一种形式又衍生出多种平面设计。客房楼层的建筑结构是饭店设计时要研究的主要问题。它不仅要考虑饭店的场地、环境、内部布局等因素,还要考虑楼层结构对饭店能源消耗、客房服务员行走距离以及客人的影响。

(一) 板式建筑

板式建筑形式是基本为条形的结构,包括客房依走道单向或双向排列结构,即外走廊或内走廊型。这种形式变化不多,一般呈直条形或 L 形,其后勤服务区和疏散楼梯呈平面布置。

在条形建筑形式中,内走廊型建筑结构的设计指标最高,客房层的有效率(客房单元面积之和与客房楼层面积之比)可达到 70%。同样数量的客房,依走道单向排列的结构(即外走廊型)所需的楼层面积要比双向排列的结构(内走廊型)多出 4%~6%。因此,除非是外部地形环境特殊,如饭店所处地段狭长,无法作双向排列,或是为了充分利用某一自然景观等,一般情况下是不会采用单向排列结构的。

板式建筑结构固然是最有效的设计,但是经验丰富的建筑师与饭店经营者都发现了更紧凑的结构,他们把饭店的电梯与后勤服务区移到了楼层的转角处。这种安排的好处是相应减少了非客房面积,大大缩小了客房大楼的周长,并且增添了建筑物外型的美观。以错开式的板式建筑为例,这种结构将公共场所与后勤服务区放在一起,面积安排就显得很经济,客房的位置也能恰到好处。错开的板式结构还弥补了一般板式结构走廊过长的缺点(见图2-1)。

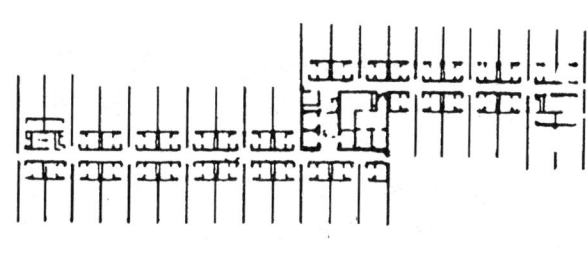

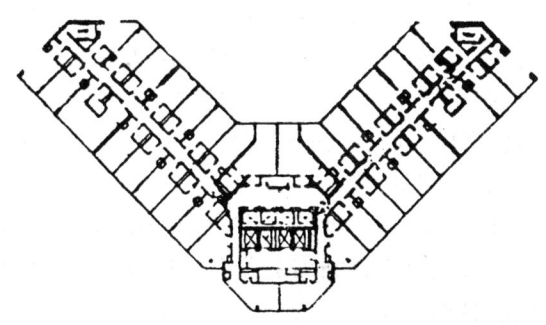

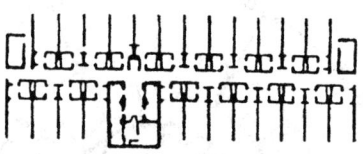

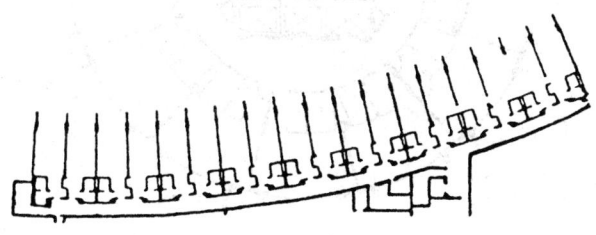

图2-1 板式建筑的平面布置

(二) 塔式建筑

客房楼层的第二种主要结构形式是塔式。其特点是以服务区为中心,客房与走廊围绕之。这种建筑平面布置与立面处理手法多种多样,从正方形到十字形,从圆形到三角形均很常见。

采用塔式建筑结构会产生一个特殊问题,即每层楼面的客房数目会受到限制。一般情况下,每层楼约能安排 16~24 间客房。如果每层楼安排 16 间客房,后勤服务区的面积只能勉强容得下 2~3 部电梯、疏散楼梯和最起码的布件储藏空间。如果每层有 24 间以上的客房,楼层的周长就会过大,后勤服务区的面积相应也会过剩,造成不必要的浪费。其他建筑形式的设计指标较高是通过增加每层楼的客房数量将后勤服务区的面积控制在最低取得的。但是,塔式建筑的情况正好相反。大量例子证明,塔式建筑结构中的每层楼的房间数目越少,设计指标就越高。因为房间数少,楼层的周长就小,留给后勤服务区的面积就十分有限,其布局就会十分紧凑,围绕其四周的走道面积也会被减少到最低程度。从理论上讲,当客房楼层设计呈小方型、小圆型时,客房层的有效率指标最高,但周长过小会使客房开间过狭,室内布置困难,客房舒适感较差。

在大饭店里,每层楼可安排 24 间客房,这样就会形成一个大的中心地带,容纳了服务区还绰绰有余。有些饭店就利用空余地方设客厅或会议室,作为提高客房使用面积的补救措施(见图 2-2)。

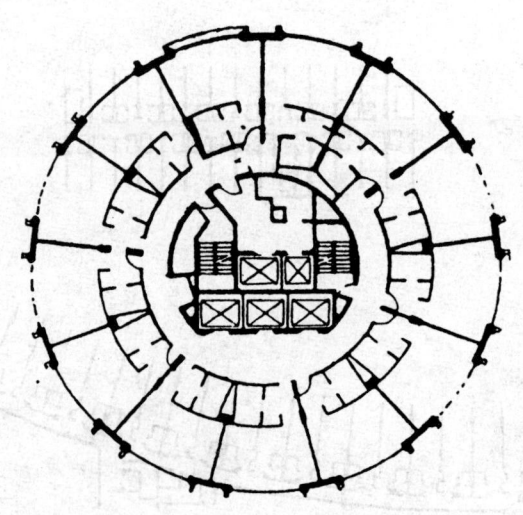

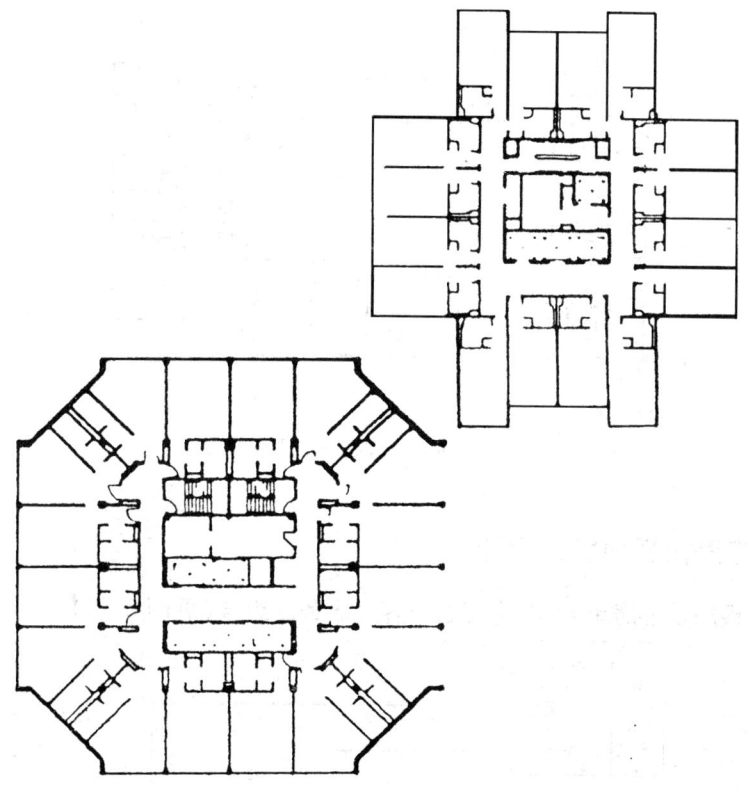

图 2-2 塔式建筑的平面布置

(三) 内天井式建筑

客房楼层的第三种结构为内天井式。在内天井式结构中,客房依楼道单向排列,客房前的走道好像是敞开式的阳台,客人可以从那儿俯视大堂。

内天井式结构的客房大楼,除无顶大堂外,客房楼层平面也与众不同。其最基本的模式是四方形的大楼中间装有观光电梯。当电梯向上移动时,客人便可看到大堂里的所有景象。

虽然内天井式的设计效果在各种形式中很不经济,造成能源损耗过大,日常开支增加,但投资者与建筑师们还是乐于选择内天井式。这是因为,随着环境科学、行为科学的发展,饭店设计在解决使用功能的同时,注意饭店的精神功能,强调表现饭店的特点。有专家已进一步研究了公共活动空间的视觉形象与组景规律以及人对公共空间的心理反应,认为内天井式建筑提供了过去在室外才能体验到的仰视、俯视观景条件,给饭店带来了特有的气魄(见图2-3)。

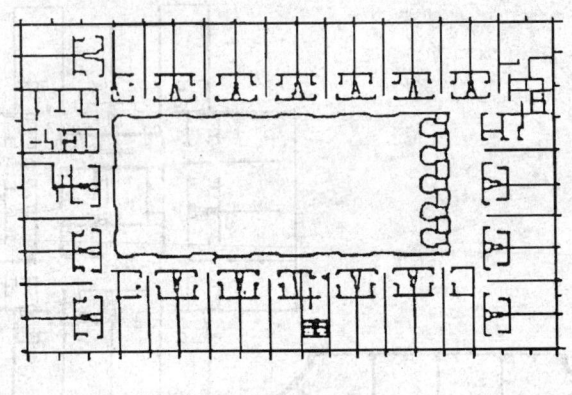

图2-3 内天井式建筑的平面布置

二、客房楼层功能的设计

客房楼层是客房单元、客房交通与客房服务的组合(见图2-4)。

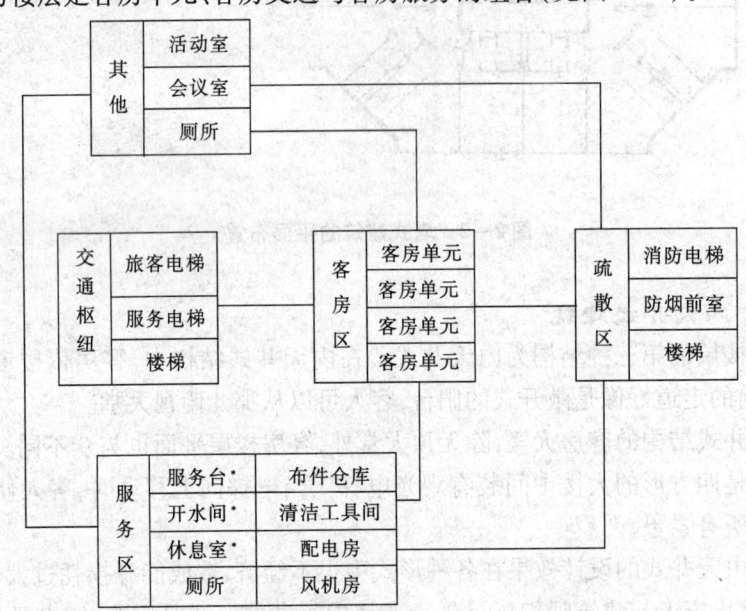

*国外饭店不设置

图2-4 客房楼层功能关系图

客房单元是客房楼层中的盈利部分。它由客房、客房内小走道、卫生间、壁橱与墙体等组成,即进客房门后的所有面积。

低层饭店的客房层的客房交通一般是以主楼梯为交通枢纽,由走道与各客房单元连接。在客房层达到一定长度时必须有疏散楼梯,以备急用。

高层饭店客房层的客房交通则以电梯为交通枢纽,仍有走道与各客房单元连接。按消防规定,疏散楼梯前须有防烟前室,还需设置消防电梯。

有些饭店设楼层服务台来进行客房服务,有些饭店则不设楼层服务台,只设清洁工具间、小仓库、配电间、风机房等。

为缩短水平距离,提供均等服务,服务区可与交通枢纽结合成客房层的核心;客房要求具有双向疏散条件;客房层设计应综合满足上述各项功能要求。

(一) 客房类型

在筹建饭店时必须确定客房类型的配置。这是因为,客房类型与数量是相对固定的,它的改变需花费很多投资。

确定客房类型配置的基础是市场分析,应研究当地对饭店的需求以及饭店的经营目的、服务对象,应遵循对饭店经营有利的原则。

在客房类型中,一般来说,双人标准间占多数。

单人客房设置数量与饭店性质直接有关。商务性质的城市饭店单人客房需求量很大。目前,日本与美国的不少城市中,商务饭店的单人间与双人间之比已达1:1。而一般城市饭店的单人间约占客房总数的10%~15%。

客房套间在饭店也是需要的。等级越高的饭店套间数量越多,一、二星级饭店的套间可以很少或者没有。三、四星级饭店的套间约占客房总数的5%。五星级豪华饭店的套间可以有更高的比例。美国近年来出现的全套间饭店被称之为Hometel,每个套间均有起居室和卧室,由于经营有方,出租率超过了一般饭店。

套间的数量和质量也与饭店等级有关。五星级饭店的总统套间常常有数间。一般饭店不必设置豪华套间或总统套间,一味求全、求大会造成不必要的浪费。

(二) 客房交通与疏散

1. 走廊

低层饭店的客房层在平面展开,交通路线较长。多层、高层饭店的客房层在竖向叠合,每层交通路线较短。

客房层走廊的宽度,使用上应满足停放服务车时人可通行的尺度要求,一般为1.4~2.0米,从交通枢纽电梯厅(或主楼梯)到最远客房距离最好小于60米。

有时为了节约面积,采取葫芦走廊的方法,即局部拓宽走廊,有利于出行和服务功能的发挥。

低层饭店客房层走廊两边的客房门错开,有利于隔音,减少干扰,并增加了客房私密性。

2. 电梯厅

电梯对于高层、超高层饭店是十分重要的垂直交通工具。

客房层电梯厅是高层客房楼的交通枢纽,应布置在适中位置。电梯厅应保证人流畅通,不宜兼作休息厅之用。

电梯厅的电梯排列与厅的宽度应以面积紧凑、使用方便为原则。

电梯排列四台以下一般呈一字形排列,可平行于走廊或垂直于走廊;设有四、六、八台电梯时一般呈巷道式相对排列,可采用内凹或贯通。巷道式的厅宽(W)一般在3.5~4.5米。过于狭小,会使用不便;过于宽大,在电梯采用群控方式后,客人会因电梯门开启时间短暂需来回奔跑而感到不便(图2-5)。

为缩短等候电梯的时间,提高电梯输送能力,需确定恰当的速度。

巷道式		平列式		综合式
内凹	贯通	垂直走廊	平行走廊	

图2-5 电梯排列与电梯厅平面类型

3. 疏散

安全是饭店最基本的问题。饭店失火因素多,客人又都是处在陌生环境之中,一旦失火,容易因惊慌失措而造成重大损失,所以客房层的疏散设计十分重要。

疏散楼梯与消防电梯的设计应符合我国现行消防规范,疏散楼梯的位置应考虑人在火灾发生时可能疏散的方向。常见的位置有两种:一种是客人习惯的常用的交通路线,靠近交通枢纽;另一种是使客人有双向疏散的条件,布置在客房层的两端。疏散楼梯靠外墙布置将有利于排烟、防火。

高层饭店的客房层还需设置有排烟前室的消防电梯,以供消防人员在火灾发生,普通客梯停止运行后,可乘用消防电梯迅速抵达火灾现场施救。

疏散楼梯均上通屋顶、下达首层,并有直接通至室外的出口。超高层建筑设置避难层时,疏散楼梯可向避难层疏散。

我国消防规范规定,高层疏散楼梯的宽度不小于1.1米;低、多层建筑疏散楼梯的宽度不小于1.0米。

(三) 客房服务工作区

我国饭店的客房服务工作区内一般设置服务台、工作室(供应开水或兼作小备餐间)、清洁工具室、布件备品仓库、配电机房与员工卫生间等。这些服务用房常与疏散楼梯(或服务电梯)结合在一起,形成一个组团。

客房服务工作区的设计需保证工作效率,又不干扰旅客休息,服务的路线宜与客人的人流路线分开。

服务部门应保证有停放手推工作小车的位置及布件管道与垃圾管道的位置。

对于客房内更换下来的布件与客人需要洗涤的衣物以及清扫客房后的垃圾,可以采用管道抛投方式送至洗衣房与垃圾间,也可以采用专用小车由服务电梯运下。采用专用小车方式时需有停放专用小车的位置。

由于饭店管理方式的不同,客房楼层服务的内容与方式也不同。客房楼层服务台的设置与否是比较突出的一个表现。国外一般不设客房楼层服务台。客房服务内容分别安排。客房布件更换、打扫整理常常采用外包工的方式,由他们每日定时完成任务。客房用餐服务由餐厅部负责,按客人的要求将需要的早餐送至客房。按西习习惯,欧美饭店一般不供应开水,特殊需要的客人可以要求送至客房。日本、新加坡等饭店在客房内放置电热水壶,客人可在客房内自己烧开水。

三、客房楼层规模的确定

低层饭店往往在风景优美地区,占地较大,或依山傍水,或是庭院式布局,其客房层的客房单元分组组合,可以按需要设计得很多。如北京香山饭店,虽然水平交通较长,但因景观甚佳,空间又富趣味性,仍受客人赞赏。

高层饭店的客房层规模需考虑服务设施的充分利用及结构、疏散等因素,每层客房间数不能过少,不然,服务设施利用不充分、不经济。每层客房间数多而松散也不利。我国有家饭店每层有86间客房,其中20间在中段单面走廊,水平距离长,服务半径达60米,降低了工作效率;电梯分设,负荷不匀;能源供应路线长等问题也接踵而至。

防火设计中,我国高层规范规定防火分区最大允许面积为1 000平方米,有自动灭火设备时可增加一倍,这也是对客房层面积的限定。

饭店是劳动密集型企业。在国外饭店中,工资是营业开支中最高的支出项目,故尤其注重采用节约人工的措施,提出每层客房间数应符合"服务员模数"(Maid Module),即每层服务员数最好为整数,以达到充分利用人工功效的目的。许多国家按饭店等级将服务员模数定为10~17间。如奥地利沙斯堡欧罗巴饭店每层仅8间,一个服务员则管上下两层。日本新大谷饭店新楼,每层34间,每5层为一个服务单元,设在中间一层,统管170间客房,服务路线短,比一般饭店节省人力约三分之一。

综合上述原因,现代多层、高层饭店的客房楼层规模一般以24~46间客房为宜。

第二节 客房产品的设计原则

一、客房的基本类型

饭店客房大致要分为单间客房和套房两种类型。

(一)单间客房

由一间客房所构成的"客房出租单元",称为单间客房。根据客房内的配置情况,又可细分为单人间、大床间、双床间、三人间几种。

1. **单人间**(Single Room)

配备一张单人床。适用于从事商务旅行的单身客人居住。

2. **大床间**(Double Room)

配备一张双人床。这种客房较适合夫妇旅行者居住,也适合商务旅行者单人居住。

3. **双床间**(Twin Room)

配备两张单人床。这类客房在饭店中占极大部分,也称为饭店的"标准间",较受团体、会议客人的欢迎。也有在双床间内配置两张双人床(Double-Double Room),以显示较高的客房规格和独特的经营方式。

4. **三人间**(Triple Room)

配备三张单人床。一般在经济型等饭店里配备这样的房间,此类客房较适合经济层次的客人享用。

(二)套房

由两间或两间以上的客房构成的"客房出租单元",称为套房。根据其使用功能和室内装饰标准又可细分为普通、商务、双层、连接、豪华、总统等几种。

1. **普通套房**(Junior Room)

普通套房一般为两套间。一间为卧室,配有一张大床,并与卫生间相连。另一间为起居室,设有盥洗室,内有坐便器与洗面盆。

2. **商务套房**(Business Room)

此类套房是专为从事商务活动的客人设计布置的。一间为起居与办公室,另一间为卧室。

3. **双层套房**(Duplex Room)

也称立体套间,其布置为起居室在下,卧室在上,两者用室内楼梯连接。

4. **连接套房**(Connecting Room)

也称组合套间,是一种根据经营需要专门设计的房间形式,两间相连的客房用隔音性能好、均安装门锁的两扇门连接，并都配有卫生间。需要时，既可以作为两间独立的单间客房出租，也可作为套间出租，灵活性较大。

5. **豪华套房**（Deluxe Suite）

豪华套房的特点在于重视客房装饰布置、房间氛围及用品配备，以呈现豪华气派。该套间可以以为两套间布置，也可以为三套间布置。三套间中除起居室、卧室外，还有一间餐室或会议室兼书房，卧室中配备大号双人床。

6. **总统套房**（Presidential Suite）

又称特套房，一般由五间以上的房间组成，包括男主人房、女主人房、会议室、书房、餐室、起居室、随从房等。装饰布置极为讲究，造价昂贵，通常在豪华饭店才设置此类套房。

二、客房类型配置的依据

确定客房类型配置应遵循对饭店经营有利的原则，依据饭店本身的等级及目标市场，通过市场分析，研究各种细分市场客源对饭店客房的需求而定，并随着市场的变化和客人需求的变化适时做出调整。

在客房类型中，一般来说，双人标准间占多数；而商务性质的饭店则是单人客房需求量较大。在日本与美国的不少大城市中，商务饭店的单人间与双人标准间之比已达到1∶1，而一般城市饭店的单人间约占客房总数的10%~15%。

客房套间在饭店也是需要的，等级越高的饭店其套间数量也越多。一星、二星级饭店的套间可以很少或者没有。三星级饭店的套间约占客房总数的5%。四星级、五星级豪华饭店的套间可以有更高的比例。美国近年来出现的全套间饭店称为 Hometel，每个出租单元均是由起居室与卧室所组成的套间构成，由于经营有方，出租率超过了一般饭店。套间的数量和质量也与饭店的等级相关。五星级饭店的总统套房常常有数间，一般饭店则不必设置豪华套间，以免造成不必要的浪费。

三、客房设计布置的原则

客房是宾客生活、起居、办公的重要场所，其设计布置应综合考虑安全、健康、舒适与效率原则。

（一）**安全原则**

安全性是"健康、舒适、效率"的前提。饭店客房的安全总是主要表现为防火、治安和保持客房的私密性等方面。

1. **防火**

根据资料统计，城市公共建筑中以饭店的火灾率最高，造成死亡人数也很大。

饭店火灾很大比例是由客房内客人在床上吸烟引起。客房空间小，失火易充满烟雾而使人窒息。因此，把消灭火灾的重点放在预防上是饭店消防的重要工作。

现代高层饭店客房的防火措施如下：

(1)设置可靠的火灾早期报警系统。

(2)减少火荷载。火荷载系指燃烧的建筑材料、家具、陈设、布件及客人带来的可燃衣物等荷载总和。

(3)紧急疏散规划。客房门后张贴《疏散路线指南》，房内备有应急照明手电，客房通道保持畅通。

2. 治安

饭店客房治安的重点是加强门锁的控制。配备电子暗码锁和与它相匹配的电子磁卡钥匙，可大大提高客房安全程度。因为使用电子门锁既便于对日常钥匙的使用进行控制，又可减少钥匙遗失带来的不良后果。同时，客房最好配备具有防盗和呼救功能的安全设施。

3. 客房私密性

饭店客房是私密性场所，要求安静，不受人干扰。因此，应采取走廊错开客房门的设计手法，以加强客房的私密性；也可采取葫芦型走廊的手法，拉大客房门之间的距离，使客房门前形成一个较安静的空间。

(二) 健康原则

环境直接影响人的健康。噪声公害危害人的听觉健康；照度不足影响人的视觉健康；生活在全空调环境内，会因新风不足、温湿度不当而损害人的健康。因此，建造高层饭店首先要选择在环境良好的地区，并有合理的总体布局。

全空调的高层饭店客房的室内环境处理，关键在于能否适当地控制视觉、听觉与热感觉等环境刺激，即必须重视客房环境中的隔声、照度及空调设计。另外，客房装修后建筑材料带来的污染问题也不能忽视。

1. 隔声

(1)客房噪声来源的分析

室外噪声源：城市环境噪声。

相邻客房噪声源：电视机、背景音乐、空调机、电冰箱、电话、音乐门铃、客人谈话等。

客房内部噪声源：上下水管流水、坐便器盖碰撞、扯动浴帘、淋浴、空调器及冰箱。

走廊噪声源：客房门的开关、走廊里客人谈话、背景音乐、服务小车推动、电梯上下及电梯门开关等。

其他噪声源：空调机房、排风或新风机房以及其他公众活动用房等。

(2)噪声容许标准与隔声标准

不同场所的噪声容许标准以噪声评价标准值(NR 曲线)来表示。城市饭店客房的 NR 值最好在 30 以下。

客房的隔声标准也可随等级而不同,等级越高隔声要求越高。参照国际标准,中国饭店噪声容许标准与隔声标准建议值如下(见表 2-2、表 2-3):

表 2-2 不同等级饭店客房与起居室的噪声容许标准建议值

等级 噪声容许值	经济级		舒适级		豪华级	
	客房	起居室	客房	起居室	客房	起居室
NR 值	35	40	30	35	25	30

表 2-3 不同等级饭店的隔声标准(平均 db 降低值)建议值

等级 房间关系	经济级	舒适级	豪华级
客房与客房、公共走廊	35~40	40~45	45~50
客房与机械设备用房	45~50	50~55	55~60
客房与室外	30~35	35~40	40~45

(3)隔声设计中应予以重视的问题

楼板隔声:楼板隔声主要考虑撞击噪声。铺设地毯或其他软性覆盖物是减少撞击噪声的较好方法。

分隔墙隔声:采用砖墙分隔或轻质隔墙要达到隔声目的并不困难。但必须注意两个房间之间隔墙上的电气盒不能在同一位置相连通,如果无法在平面上错开,就应上下错开安装,防止串音。客房还切忌与电梯井道直接相贴,这在设计方案中应尽量避免。

窗扇隔声:除按隔声要求要用一定厚度的玻璃外,还应十分注意窗缝的密闭。

门扇隔声:门扇隔声也取决于缝隙。现代旅馆为了提高客房私密性,保持安静的休息环境,一般已不留送报门缝及采取走廊送新风方式。环绕中庭大空间的客房门扇宜增加密闭条使门缝密闭。

此外,设计中还需防止风管之间的串音等。

2. 日照与照度

(1)日照。由于客人逗留时间短,对日照要求不像住宅和风景区、疗养地饭店的要求那样高。全空调的饭店设计不必过分强调客房日照,在总体布局中与游泳结合的日光浴场可以满足喜欢阳光的客人的要求。

(2) 照度。照度是物体单位面积上所获得光通量的多少,照度单位是 LX。客房照度包括客房与卫生间的照度两方面。按国际照明学会标准,客房照度为 100LX。但近年来已推荐客房照度为 50~100LX。对于阅读面的照度标准要求则更高。卫生间的照度要求也越来越高。为了利于客人的化妆,国际照明学会的标准是 70LX,但实际使用均大于 100LX,有时在客人面部处的照明达 200LX 以上。

3. 温控

温控主要解决室内温度和新风量。能使人体的体温调节机能处于最低活动状态的环境,就是令人舒适、愉快的环境。现代饭店为了克服多变的气候带来的不舒适感,多数采用人工气候来保持一定的空气温度、湿度和气压,以保证客人的健康。

国际上的饭店客房普遍采用风机盘管系统。空调的温湿度设计标准与室外气候有关,各国均有国家规范或规定。由于空调系统大量耗用电能、热能或冷能,按照我国国情应对不同等级的饭店提出不同的空调设计参数。

在风机盘管的管线标准上也可因饭店等级而异。豪华饭店的客房可采用四管制风机盘,可随时自由选择冷风或暖风。舒适级与经济级饭店可采用二管制系统。

新风量是空调设计中另一重要问题,实际上是解决二氧化碳浓度问题,同时,还可以减少建筑装修带来的污染。

(三) 舒适原则

1. 客房空间的舒适感

客房的舒适感由无数主观评价合成,不像声、光、热那样有具体的测定数据。来自不同国家、地区的客人因生活习惯不同,对客房的主观评价也不同。因此,需要以国际客人的习惯进行设计与评价,只满足某种传统习惯是不行的。

客房空间能反映一定的舒适感,等级越高越宽敞。

从国际饭店业的经验看,不同等级饭店的面积要求是:经济等的一、二星级饭店,标准客房的起居面积为 16 平方米(起居区不包括卫生间、衣橱、入口门廊等),卫生间为 2.3 平方米,总面积为 21.9 平方米。作为中等的三星级饭店,标准客房的起居面积为 20.1 平方米,卫生间为 3.4 平方米,总面积为 30.2 平方米。作为高档的四星级饭店,标准客房的起居面积为 23.8 平方米,卫生间为 4.4 平方米,总面积为 35.2 平方米。作为豪华的五星级饭店,标准客房的起居面积为 27.9 平方米,卫生间为 6.6 平方米,总面积为 41.8 平方米。

国际著名的希尔顿饭店连锁集团,曾对客房面积提出了"最小"和"理想"这一明确的要领与范围(见表 2-4)。

表2-4 希尔顿饭店连锁集团的客房单元面积指标

房间名称	最小面积(m²)	理想面积(m²)
双床间	28	36
大床间	32	36
经理级客房	68	72
标准套间	95	108
总统套间	158	181

注：客房单元面积包括小走道、卫生间、壁柜。

客房的窗户也反映一定的舒适感。"窗即景框"，宜"嘉则收之，俗则屏之"。所以，饭店位于海边时，窗即向海；饭店位于山下，窗则向山。面对绚丽的风光，窗愈大愈能领略环境的优美。广东珠海石景山庄坐落在石景山麓，客房窗外均能见到优美的景色。有时，在天空与美景的映衬下，精致的阳台栏杆也可使客房平添几分情趣。

窗虽能引进自然风光，但对刚抵达的客人来说却有遮光的问题。白天休息、睡眠的客人希望窗有良好的遮光性，甚至希望成暗房。一般厚、薄两层窗帘还达不到好的遮光效果。国外有的饭店用可收放的百页卷帘或双层布料厚窗帘，日本一些饭店采用传统的"樟子"扯板窗方式遮光，均有良好的遮光效果。

2. 家具与装修创造的舒适感

不同国家、不同经济水平、不同文化素养的客人对客房气氛有不同的要求：或浓郁粗犷，或清淡细腻，或奢华富丽，或简洁雅致。归纳客人心理要求，可以分为两大类：一类希望客房符合客人本人的生活习惯和水平，走进客房如同回到家中一样方便舒适，亲切愉悦；另一类则希望客房与旅游地、饭店公共活动部分一样具有鲜明的地方特色、异国情调，进入客房继续感受着异乡客地的空间环境，享受新鲜有趣的异国风情。

饭店客房设计要充分考虑这两方面的要求，既舒适又有特色。20世纪30年代建造的上海和平饭店，有九国特色套房，分别表现各国的典型建筑风格；驰名于世的日本东京帝国饭店既有豪华的西式套间，又有表现浓郁乡土情调的和式套间。

创造客房气氛主要依赖家具和装修。一般双床间客房家具占客房面积的33%～47%，是客房的主要内容，在人的视觉中占有率很高。家具承担着相当部分的反映文化传统、体现民族风格的重任，是饭店设计的重要课题之一。

3. 现代设备提供的舒适感

现代科学技术为饭店客房提供了不少可供选择的设备，这些设备增加了客房的舒适感。与城市联系的客房电话是最起码的条件，使饭店客房电话与其他城市乃至世界各地通过直线拨号联系已成了提高舒适度的新要求。饭店专用电话使来自不同国家的客人在不熟悉所在国语言、文字的情况下,无须通话,只要按键钮就能迅速与洗衣、理发、送热饮料等有关服务部门取得联系,从而马上服务上门。

呼唤系统使客人能方便地找到服务员。系统不仅设在客房床头,有的还设置在浴室中,以便沐浴的客人能呼叫服务员。

音响系统给客房带来生机,备有音乐、新闻、商情等多种可以选择的频率是十分必要的。

电视系统无论是城市电视还是店内闭路电视,与音响系统一样,是客人消遣娱乐的主要内容。开关控制、频道选择及各种微调能否遥控,反映了不同等级的舒适度。

空调设备的微调让客人有自行调节温度的可能,来自热带、寒带等不同地区的客人可按照自己的习惯要求调节室温,以达到主观感觉的最佳状态。

4. 卫生间的舒适感

卫生间面积一般为 3～7 平方米,因等级不同,设置设备的数量与大小也不同。一个卫生间面积不足 4 平方米会显得局促,面积过大也会显得空旷。

双床间卫生间,若两位客人同时要使用时就会感到不便,因此有的饭店将恭桶独立设置,有的将面盆独置,也有的设置两个面盆。豪华级饭店客房卫生间常将各种卫生设备分开设置,专设洗脸室、洗澡室与厕所,空间均有特殊处理,以产生独特布局,其面积也大为增加。

卫生间的建筑五金与水暖五金也是提高舒适感与等级的重要环节。

现代饭店毛巾分类很细,面巾、手巾、小浴巾、大浴巾与垫脚巾等的安放各不混淆,位置明确。为保证毛巾干燥,毛巾架位置需避免洗浴水珠溅湿,不宜置浴盆顶端;为方便淋浴、盆浴,肥皂架应一高一低;为淋浴时不湿头发,淋浴器宜定为 1 700mm 高,且应备有淋浴帽;为使客人更清楚地看到自己化妆或剃须的效果,卫生间还配有具备放大功能的镜子。浴盆旁的拉手应分坐、立两种不同高度。它与浴盆高度密切相关,离地尺度应细致研究。水暖五金中混合龙头以一手能控制各种性能为最佳(指一手能控制开、关及热水、冷水的调节)。

(四) 效率原则

效率问题实质上是设计与经营的经济效益问题。客房设计效率包括空间使用效率、实物使用效率两个方面。

1. 空间使用效率

空间使用效率表现在客房空间的综合使用以及可变换使用两方面。综合使用指一个空间区域的多功能、高效率使用。客房的空间使用可变性是指为了适应市场的变化,客房的类型设置与内部空间及布置也应有一定的可变性。如设置一定数量的连通套间,或者双床间中有一张床做成的沙发床,以满足客人白天办公之用。

2. 实物使用效率

提高实物使用效率对设计与经营皆十分重要。客房内实物设计应以"物尽其用"为原则。如家具应尽量减少不必要的抽屉;饰面材料宜采用不易碰坏、不易弄脏的材料。损耗较大的地面可选用块状耐磨的人造地毯。

我国多数饭店客房的家具、陈设、装修、设备未定更新年限,长期以来维持原状,一次投资,"一劳永逸"。我们应该参考国外经验,结合我国国情来制定材料、设备的更新年限。

家具与卫生间洁具的维修量大,为便于互换、添补、维修,家具与卫生间洁具应尽量减少规格品种,减少备品、备件的种类与数量。

第三节 客房室内功能布局及陈设布置

一、客房室内功能布局

为了满足客人在客房中的活动(行为),客房应有以下几个功能空间并配备相应设备。

(一) 睡眠空间

睡眠空间是客房最基本的空间,即使等级最低的饭店也必须有这个空间。睡眠空间中最重要的家具是床。床的质量直接影响客人的睡眠。床的质量要求是床垫(即席梦思)与弹性底座有合适的弹性,牢度好,使用时不发出吱嘎声,可以方便移动及有优美的造型。

床的尺寸

床的种类	尺寸(宽×长)
单人床	900mm ~ 1 200mm × 2 000mm
皇后级床	1 600mm × 2 000mm
双人床	1 350mm ~ 1 400mm × 2 000mm
国王级床	1 800mm ~ 2 000mm × 2 000mm

床的高度以床垫面离地 500 ~ 600mm 为宜,也有设计离地 400mm 的,以求室内宽敞的气氛。

床头柜也是这个空间内的重要家具。现代饭店床头柜的功能已可满足客人的各种基本需求,如:广播选频、音量调节、床头灯、脚灯、房间灯的开关、时钟、定时呼叫、室内电话与国际电话,等等,可向客人提供极为方便的服务。

（二）盥洗空间

客房卫生间是客人的盥洗空间。卫生间是客房不可缺少的部分，也是显示饭店等级的一个重要方面。客人可以在卫生间通过沐浴消除一天旅游或工作的劳累，以恢复体力。一般饭店均有设置浴缸、恭桶与洗脸台三件卫生设备的卫生间。

1. 浴缸

浴缸有铸铁搪瓷、铁板搪瓷、工程塑料与人造大理石等多种。以表面耐冲击、易清洗与保温性良好者为最佳。浴缸尺寸有大、中、小三种：

浴缸	长	宽	深
大	1 680mm	800mm	450mm
中	1 500mm	750mm	450mm
小	1 200mm	700mm	550mm

目前一般均采用中型浴缸，等级高的饭店常用大型浴缸，不少中、低级旅馆均采用小型浴缸。浴缸底部的防滑问题值得注意。不少制造厂商为了防止人们在洗澡时滑倒，在浴缸底部采取了凹凸的或光面毛面相间的防滑措施。

有的客人习惯淋浴，故浴缸上多数附设淋浴器与固定喷头以满足客人的需要。经济饭店也有不设置浴缸而采用淋浴的。

近年来，高级浴缸应运而生，冲浪式浴缸就是其中一种。这种浴缸四周与下部设置喷头，当喷射水流对人体肌肤冲击时起按摩作用。一些高级豪华饭店竞相在豪华套房内装置"冲浪浴缸"，以提高其身价，同时，单设蒸汽淋浴房，以方便客人使用。

2. 恭桶与妇洗器（Bidet）

恭桶的尺寸一般为宽360mm，长720～760mm，为满足客人的使用要求，恭桶前方需有450～600mm的空间，左右需有300～320mm的空间。

一些国家的女士习惯使用妇洗器，因而高级豪华饭店与某些饭店的卫生间里常设有四件卫生洁具，即浴缸、恭桶、妇洗器与洗脸盆。

一些厂商设计了具有恭桶与妇洗器功能为一体的新颖卫生洁具，它具有先进的电器设备，如可预热的恭桶坐圈，可在便后冲洗并调节冲洗水的水温。这种卫生洁具的价格比普通恭桶高十几倍，它将成为豪华饭店的专有设备。

3. 洗脸台

洗脸台的材质有瓷质、铸铁搪瓷、铁板搪瓷、人造大理石或工程塑料等多种。使用最多的是瓷质洗脸盆，它具有美观并容易清洁的优点。

卫生间也是梳妆的主要场所，客人常自带不少化妆品，加上饭店为客人提供的各种用品，需要饭店在卫生间内提供宽大的化妆台。现代饭店已把化妆台与洗脸台结合为一体。

卫生间一般没有外窗,全部靠人工采光,所以特别要注意照明的光色。只有采用与日光光色类似的三基色荧光灯才能使化妆色彩合适。为保证梳妆所需的照明度,镜前照明应使光线从人的前上方照到人的脸部。

(三) 贮存空间

贮存空间设壁柜或箱子间。壁柜一般设在客房小过道侧面,当客房开间小时也有设在卫生间侧面墙处的。

壁柜可存放衣帽、箱子。壁柜一般深550~600mm,衣服可垂直墙面挂放,可挂数量较多。有的单人客房或等级较低的饭店客房的壁柜深度不够,衣服只能平行墙面挂放,可挂数量较少。壁柜宽度平均每人不小于600mm。

壁柜门在小走道开启,由于外开门会有碍走道交通,故设计做成推拉门或折叠门更好。随门开启而亮的壁柜灯光也是十分理想的。

(四) 书写空间

标准双人客房的书写、阅读空间在床的对面,也有设在窗前的。

在这个空间里,长条形的写字台宽500~600mm。台面一侧面较长,可放置电视机。写字台的一侧面常作为固定行李架,供客人放箱子、开箱取物或整理。写字台也可兼作化妆台,这时墙面上应添加镜子,镜子上沿离地高度不小于1 700mm。

(五) 起居空间

饭店等级不同,客房的起居休息空间也不同。

套间中有独立的起居室,并增加沙发数量以用于会客。

在豪华套间、总统套间内,还单独设置读书空间与会议空间。在读书空间备有大型书桌及文房四宝。书柜中应备有工具书与具有本国特点的书籍。在会议空间则提供十余人开会用的会议桌椅。一般饭店免费提供茶叶,也在冰箱中提供各种收费的饮料。高级饭店的客房中还设置小酒吧(mini-bar),提供各种小瓶装的洋酒、中国白酒、葡萄酒和各种饮料与杯具。这种酒吧一般设置在一进门的小走道旁壁柜一侧。标准双人客房的起居、休息空间一般在窗前区。这里放置安乐椅(或沙发)、小餐桌或茶几。

二、客房设备的分类与配备趋势

(一) 客房设备的分类

客房设备主要包括家具、电器、洁具、安全装置及一些配套设施。

1. 家具

家具是人们日常生活中必不可少的主要生活用具。客房家具从功能上划分,有实用性家具和陈设性家具两大类,其中以实用性家具为主。客房使用的家具主要有:卧床、床头柜、写字台、软座椅、小圆桌、沙发、行李架、衣柜等。客房木质家具要严防受潮曝晒,平时应经常用干布擦拭,并定期喷蜡。

2. 电器设备

客房内的主要电器设备有:

(1)照明灯具。客房内的照明灯具主要有门灯、顶灯、地灯、台灯、吊灯、床头灯等,它们既是照明设备,又是房间的装饰品。平时要加强照明灯具的维护和保养,要定期检修,确保使用和安全。

(2)电视机。电视机是客房的高级设备,可以丰富客人的生活。电视机不应放在光线直射的位置,每天清扫房间时,要用干布擦净外壳上的灰尘,并要定期检修。

(3)空调。空调是使房间一年四季都保持适当的温度和调换新鲜空气的设备。各客房的墙面上都有空调旋钮或开关,风量分"强、中、弱、停"四档。平时要保持风口的清洁,并定期检修。

(4)音响。一般在床头柜内安装音响装置,供客人收听有关节目或欣赏音乐。床头柜上还装有电视机、地灯、床头灯的开关,以及传唤服务员的按钮等。这些装置均需定期检修。

(5)电冰箱。为了保证饮料供应,有些客房内设有小酒吧,在冰箱内放置酒品饮料,客人可根据需要随意饮用。电冰箱要定期除霜,并根据季节调整温度。

(6)电话。房间内一般设两架电话机,一架放在床头柜上,另一架装在卫生间。这样,客人就不会因在卫生间而影响接电话。每天要用干布擦净电话机表面的灰尘,话筒要每周用消毒水消毒一次,并定期检修。

3. 卫生设备

卫生间的设备主要有洗脸台、浴缸、恭桶等。洗脸台上一般装有面镜。浴缸边上有浴凳、浴帘,下面铺有胶皮防滑垫,有冷、热水龙头和淋浴喷头。饭店里一般有恒温器,能自动供热水;还有手纸架、毛巾架及通风设备等。洗脸台、浴缸、恭桶要清洁消毒,保持干净。水龙头、淋浴喷头和水箱扳手等金属设备每天要用布擦净、擦亮。要定期检修上、下水道和水箱,以免发生下水道堵塞和水箱漏水的事故。

4. 安全装置

为了确保宾客的生命、财产安全,预防火灾和坏人肇事,客房内一般都装有烟雾感应器,门上装有窥镜和安全链,门后张贴安全指示图,标明客人现在的位置及安全通道的方向。楼道装保安电视,可以监视楼层过道的情况。客房及楼道还装备自动灭火器,一旦发生火灾,安全阀即自动熔化,水从灭火器内自动喷出。安全门上装有昼夜明亮的红灯照明指示灯。凡属防火、防盗的安全设施应经常检修保养,以免因损坏或失灵造成严重后果。

（二）客房设备配置的新趋势

客房作为饭店出售的最重要有形商品之一，设备设施是构成其使用价值的重要组成部分。科学技术的发展及宾客要求的日益提高促使酒店客房设备配置出现了一些新的变化趋势，这些变化趋势主要体现在人本化、家居化、智能化和安全性等几个方面。

1. 人本化趋势

作为现代化的酒店，在客房设备配置上也应体现"科技以人为本"的原则。"以人为本"就是要从宾客角度出发，使客人在使用客房时感到更加方便，感受更加舒适。比如：传统的床头控制板正在面临淘汰，取而代之的是"一钮控制"的方式，也就是说，客人晚上睡觉时只需揿一个按钮就可将室内所有需要关掉的电器、灯光关掉。又如，客房中的连体组合型家具不但使用起来不方便，而且使得饭店客房"千店一面"；而分体式单件家具可以使客房独具特色，而且住宿时间稍长的宾客还可按自己的爱好、生活习惯布置家"居"，岂不惬意？

2. 家居化趋势

家居化趋势主要体现在以下几个方面：

首先是客房空间加大，卫生间的面积更是如此。其次是通过客用物品的材料、色调等来增强家居感。比如多用棉织品、手工织品和天然纤维编织品，普遍放置电熨斗、熨衣板；卫生间浴缸与淋浴分开，使用电脑控制水温的带冲洗功能的恭桶。另外，度假区酒店更是注重提供家庭环境，客房能适应家庭度假、几代人度假、单身度假的需要；儿童有自己的卧室，电视机与电子游戏机相连接等。

3. 智能化趋势

可以说智能化趋势的出现将人本化的理念体现得最为淋漓尽致。因为在智能化的客房中，宾客可以体验如下美妙感受：客房内将为客人提供网上冲浪等 Internet 服务，客人所需一切服务只要在客房中的电视电脑中按键选择即可；客人更可以坐在屏幕前与商务伙伴或家人进行可视面对面会议或交谈；宾客可以将窗户按自己的意愿转变为美丽的沙滩、辽阔的大海、绿色的草原；还可在虚拟的客房娱乐中心参加高尔夫球等任何自己喜爱的娱乐活动；房间内的光线、声音和温度都可根据客人个人喜好自动调节。

4. 安全性日益提高

安全的重要性是不言而喻的，但这需要更加完善的安全设施加以保障。比如，客房楼道中的微型监控系统的应用；客房门上的无匙门锁系统，客房将以客人指纹或视网膜鉴定客人的身份；客房中安装红外感应装置，使服务员不用敲门，只需在工作间通过感应装置即可知客人是否在房间，但却不会显示客人在房间中的行为。另外，床头柜和卫生间中安装紧急呼叫按钮，以备在紧急情况下，酒店服务人员与安保人员能及时赶到。这些设施大大增强了客房的安全性,同时,又不会过多打扰客人,使客人拥有更多的自由空间而又不必担心安全问题。

三、客房室内陈设布置

饭店客房室内设计的内容可分为色彩运用、织物装饰、用品配置等几个方面。饭店客房管理者要根据客人的文化素养、习惯、爱好,创造符合客人生理、心理需求,使客人能舒适地获得精神享受的室内环境。

(一)客房的色彩运用

在人们的视觉感知过程中,色彩是比形体更令人注意的现象,它能影响人的情绪,制造氛围、情调。因此,如何创造生动而协调的饭店客房室内的色彩效果,是饭店客房管理者必须研究的一个重要问题。

1. 色彩的概念

(1)原色、间色和复色

自然界可以用肉眼辨别的颜色有许许多多种,但基本的只有红、黄、蓝三色,色彩学上称三原色。原色之间按一定比例可以调配出各种不同的色彩,而其他色彩无法调配出原色。仅两种原色调出的色彩,称为间色。如红加黄产生橙色,红加蓝产生紫色,黄加蓝产生绿色。

(2)色调

色调即色彩的品名,色彩一般有红、橙、黄、绿、青、蓝、紫七色。

色彩又可分为暖色与冷色两类。红、橙、黄之类称暖色,蓝、绿、紫之类称为冷色。暖色能给人带来温暖、亲切、热烈、活跃的心理效果;冷色则能给人带来宁静、遥远、轻快的心理效果。因此,朝北的房间由于缺少阳光,一般需用明快的颜色,而朝南的客房则需要较冷的颜色。

(3)色彩的三要素

自然界的色彩千变万化,但仔细分析,不外乎三个基本属性,即色相、明度和彩度。

①色相。色相是色彩的相貌(或叫色别)。一般来说,能确切地表示某种颜色色别的名称,都代表着一种色相。

②明度。明度是指色彩的明亮程度。不同色相有明度区别,如光谱中黄最亮,明度最强;紫最暗,明度最低。同一色相也有明度区别,如同样是红,深红比浅红明度低;同样是绿,深绿比浅绿明度低。在客房室内配色中,一般平顶明度最强,墙面次之,地面明度最低。浅色能使房间显得大,而深色则相反。

③彩度。彩度指色彩的饱和度,即纯净程度,因此也称为纯度。一种色彩越接近于某个标准色,越醒目,彩度也越高。标准色加白色,彩度降低而明度提高;标准

色加黑色,彩度降低而明度也降低。一个标准的红色彩度最高达14,青色彩度达16。而室内使用色彩的彩度一般不超过4,过高的彩度容易使人眼睛疲劳。只有标志或点缀物才采用高彩度的色彩。

2. 色彩的协调

色彩的协调给人以舒适、愉快的感觉,反之则给人以不满、烦闷与失望的感觉。色彩的协调有调和色彩的协调与对比色彩的协调两种。习惯使用的是调和色彩的协调。

(1) 调和色的协调

调和色是同种色调改变明度与彩度而得来的系列色。采用这些色彩用于同一室内很容易获得协调的效果。若干种低彩度的、不同色调的色彩同时用于室内往往也能获得调和色的协调效果。

(2) 对比色的协调

对比色有红色与绿色、黄色与紫色等。"万绿丛中一点红"则是生活中对比协调的例子,其原因在于对比色的运用必须有一定的面积差。在客房室内设计中,往往采用大面积的背景色彩,然后在局部地方采用小面积的强烈的对比色,可取得十分协调的效果。

(二) 客房的家具陈设

家具是饭店客房室内布置的主要内容。在室内除了建筑部分外,从功能、数量和所占空间来看,家具都占有主导地位。现代饭店客房室内装饰,对家具在尺度、数量、位置,以及风格上都要有精心的计划。

1. 客房家具种类

客房家具按用途分,一种是为供客人休息、活动的家具,如沙发、座椅、茶几、床、床头柜、化妆台、小餐桌等;一种是为贮存物品用的家具,如客房壁柜、微型酒吧、套间物品柜等。

客房家具按材料分,有木制、竹制、藤制、金属制、塑料制以及各种软垫家具等。木制家具造型丰富,有亲切感,在客房中使用最广泛。竹制家具清新凉爽。藤制家具质地坚韧、色泽素雅,造型多曲线。金属家具轻巧、灵活,适用于工业化大批量生产,在经济级饭店中偶有使用。

2. 客房家具选择

选择家具是客房家具布置的准备工作。选择客房家具,既要考虑功能,又要注意美观。家具功能选择的原则是:实用舒适,尺度合理,质地坚实,易于清洁。家具选择的原则是:格调统一,色彩协调,式样美观。

客房家具选择还要考虑区分等级规格。同样是客房,有标准间、套间、豪华套间和总统套间等。不同规格的客房对家具的数量、质量、类型的要求都不相同。

3. 客房家具布置

为了营造良好氛围，饭店客房家具都是成套成组配置的，以构成空间中的空间。各种单件家具，随着环境要求作不同的组合，就可形成不同效果的空间。

家具布置设计的原则：一是要有疏有密。疏者，留出人的活动空间；密者，以家具组成人的休息、使用空间。二是要有主有次，即突出主要家具、设备或陈设，其余作陪衬。以标准客房为例，家具的摆放通常分为宁静区、明亮区和通道三个区域。宁静区布置睡眠家具的床和床头柜。明亮区布置会客、起居用的沙发和茶几。通道区布置长条形多功能柜。

（三）客房的用品配置

为满足客人在客房中生活的需要，饭店在客房中除配备各种家具、设备之外，还应配置各种用品供客人使用，真正为客人创造一个舒适、方便的生活环境。同时，这也能提高客房的吸引力和规格，不仅让客人感到饭店对其住店生活的关心，还能使客人更容易接受饭店的房价，有"物有所值"之感。另外，饭店通常在客房用品上印有饭店的名称、标志及地址、电话等，使之成为宣传饭店、扩大饭店社会影响的销售手段之一。

客房用品包括客房供应品及客房备用品两种。客房供应品是指供客人一次性消耗使用或用作馈赠客人而供应的用品，如肥皂、信封、明信片、针线包等，因此也称为客房消耗品。客房备用品是指可供多批客人使用，客人不能带走的客房用品，如布件、烟灰缸等。下面以一个标准间客房为例，介绍客房内应配置的供应品及备用品。

1. 房间用品

放置部位	备 用 品	供 应 品
床	床单、毛毯、枕心、枕套、床罩、丝棉被等	
床头柜	电话使用说明	便条纸、笔、简易拖鞋、擦鞋布（纸）套
书写桌	饭店介绍册、服务指南、安全须知、房间用餐菜单、烟灰缸	信封(航空及普通)、信纸、明信片、电传及传真用纸、笔、行李箱贴、宾客意见书、购物袋、洗衣袋、洗衣登记单
小酒吧	水杯、冰箱、起瓶盖器	杯垫、纸巾、调酒棒、小酒吧使用计费单
软座椅桌	茶杯、热水瓶、烟灰缸	茶叶、火柴
壁橱	衣架、折叠式行李架	

2. 卫生间用品

放置部位	备用品	供应品
洗脸台	口杯、面巾、手巾、烟灰缸	牙具、面巾纸、肥皂、淋浴液、洗发水、浴帽、梳子、指甲具、剃须刀片
坐便器旁	废纸篓	卫生纸、卫生袋
浴缸边	浴巾、脚垫巾	肥皂

除上述用品外,客人或许会提出要一些较特殊的用品。对此,客房部可备些这样的用品供客人租借使用。

上面所列的客房用品只是标准间客房所应配置的。在普通套房、豪华套房、总统套间内,还应配置相应的特殊用品,在此不一一列举。

不同饭店的各类客房由于等级、规格、风格不同,在配置客房用品上可根据各自的经营决策及实际需要而增减,形式、规格也可不求一致,但不能违背经营原则,不降低客房规定标准,要从满足客人需求出发,使客房的"价"与"值"保持一致。

(四) 客房的照明艺术

光是创造室内视觉效果的必要条件,为了进一步创造良好的客房室内视觉效果,体现室内空间,增加客房室内环境舒适感,必须对饭店客房照明进行设计。

1. 照明概述

(1) 灯具分类

灯具按装设位置与状态分类,主要有以下几种:

①天花板灯具。有吸顶灯、吊灯、镶嵌灯、柔光灯等。现代式吊灯简洁、别致;古典式吊灯繁复、精致;镶嵌灯则柔和而又有现代感。

②墙壁灯具。有壁灯、窗灯、穿灯等。其中,壁灯的形式复杂,有现代式的,也有古典式的;有民族式的,也有西式的;散光方式大都为间接照明或扩散式照明。

③可移动灯具。有落地灯和台灯。落地灯和台灯通常由灯座、灯头和灯罩几个部分构成。

(2) 照明光源

现代照明光源几乎都是以电能作为能源。用于照明的电光源,按发光原理可分为白炽灯和荧光灯两大类。

白炽灯是通过灯内的钨丝升温而发光的,由于钨丝的长短粗细不一而产生不同的光,其光色偏于红黄,属于暖色。

荧光灯是靠低压汞蒸气入电而产生紫外线,紫外线再刺激管壁的荧光物质而发光的。荧光灯的光色分为自然光色、白色和温白色三种。自然光色是直射阳光和蓝色空光的混合,其色偏蓝,给人以寒冷的感觉。白色的光色接近于直射阳光。

温白色的光色接近于白炽灯。

(3) 照明方式

依灯具的散光形式,照明可分为直接照明、间接照明、混合照明和散射照明等多种(见图2-6)。

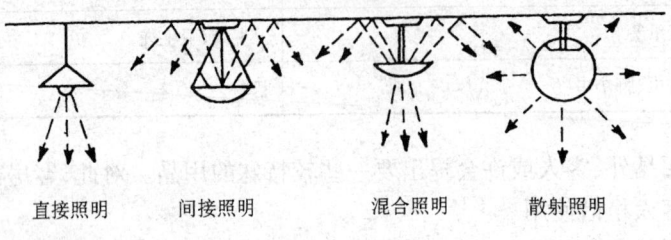

直接照明　　间接照明　　混合照明　　散射照明

图2-6 照明方式

直接照明无间隔,不靠反射,其特点是发光强烈,投影清楚,使物体产生鲜明的轮廓,对一些艺术品的光照可以产生特殊的效果,但作为生活照明,应避免直接对着人的眼睛。

间接照明依靠反射发光,灯光一般照在天花板或墙角,然后反射到房间,很少有投影,不刺激眼睛,且产生天花板与墙变高的感觉。

混合照明是直接与间接相结合的一种照明。如以直接照明为主,称半直接照明;如以间接照明为主,称为半间接照明。

散射照明的灯光射到各个角度,光线亮度大体相等,感觉柔和。

2. 客房照明设计

(1) 照明方法选择

客房照明一般采用局部照明手法,即局限于某个部位的固定的或移动的照明,它只照亮一个有限的工作区域。对客房内不同部位,照明的要求也不同。客房卧室一般选用低强度的普通光,作扩散照明。在床头、写字台、座椅旁、衣柜处、过道顶都设有局部照明的专用灯。客房浴室采用中强度的普通光,在穿衣镜和修面镜前应设置能清楚照明的灯具。

(2) 照明设计要点

①客房照明设计的基本功能要求是照度适当,使客人与服务人员能看得清,看得舒服。

②客房照明除了满足基本功能之外,还应达到照明的艺术性,渲染客房室内环境。灯具座、灯罩样式的选择,应与室内装修风格相匹配。

③提高灯具的利用效率,节约能源,降低照明费用。

④选择安全可靠的灯具,以利于日常维修与管理。可移动灯具的拖线应安排在隐蔽部位。

第四节 特殊客房楼层的配置

旅游饭店客源的多元化需求使饭店除拥有各种基本房间类型以外,还必须配置各种特殊房间或楼层来满足不同宾客的要求。近几年,国内外饭店中出现的各种特殊房型既满足了宾客的特殊要求,更体现了饭店客房产品应市场之需而变的经营理念。

现将这些特殊房间(楼层)作一简要介绍:

一、行政楼层(客房)

行政楼层简称 EFL(Executive Floor),又可称为商务楼层,最早出现在北京和广州的一些四、五星级的豪华饭店中,其面向的客源市场是以一些大集团、大公司的高级商务客人为主。行政楼层的突出特点是:以最优良的商务设施和最优质的服务,为商务客人高效率地投入紧张工作提供一切方便。一般而言,住行政楼层的商务客人希望所住客房内的设施、物品等除满足住宿需要外,更能适合办公与洽谈;同时,这些客人也很想避开那些嘈杂的观光旅游客,而拥有一个幽雅舒适的环境。这使得行政楼层必须提供以下主要服务或设施:

(一)入住服务

入住行政楼层的商务客人不必在酒店总台办理入住登记手续,而直接乘专用电梯上到 EFL,EFL 专门设接待处为客人办理入住。而对于一些 EFL 的常客,更是可以由 EFL 的高级接待员拿事先填好的登记单,陪同客人先进入房间,在房间里请客人在登记单上签名即可。

(二)房间设施

考虑到行政楼层的特点,EFL 的房间设施充分体现了商务功能(Room-as-office)。房间至少为两间一套,一间作为卧室,一间作为办公室。通常还在办公室中配备小型谈判桌。另外,传真机、打印机、两条以上电话线、Internet 接口、电话语音留言、电视点播系统(VOD)、电视电脑系统等成为行政楼层客房内的特有设施。

(三)日常服务

在 EFL,通常都会有小型的咖啡厅,早上为客人开西式自助早餐,下午为客人提供下午茶服务。为使商务客人及时了解商情信息,EFL 通常都有专门的阅览室,其中备有最新的商情咨讯、报刊,为客人提供秘书服务。提供文秘服务的小型商务中心通常也和阅览室毗邻或将两者合二为一。

由于具备了上述主要服务和设施,EFL 往往被称为"酒店中的酒店"(店中店)。

二、全套房饭店(楼层)

全套房饭店(楼层)(Hometel, All-Suite hotel or floor)是以略高于一间客房的价格销售给宾客两间客房并为其提供有限服务的一种饭店(楼层)。

全套房饭店这一全新概念诞生于20世纪80年代。商务客人是全套房饭店的主要客源市场。在全套房饭店形成之初,它既不向客人提供传统的餐饮服务,也没有宽敞的公共活动空间及会议室,而是为客人提供一套包括客厅及带有卫生间的单独卧室的客房,客厅里配有冰箱,小厨房里为客人预备了微波炉、煮咖啡器。当时所提供的餐饮服务仅是一种欧陆式早餐及每晚在大堂咖啡厅提供夜点。

1994年,美国出现了新一代全套房饭店——延住型酒店(under-stay hotel),它是面向入住超过(含)五天以上的游客及有明确理由使用这类酒店的客人的。

延住型酒店为客人提供的客房设施包括:一套带有工作间及一至二间卧房的客房,或者由全部是工作间,或全是卧房组成的套房。套房的小厨房内设有炉灶、微波炉、煮咖啡器、冰箱、洗碗器、带废物处理管道的水池、刀叉餐具及盘碟,有时甚至还有烤面包机,熨斗及熨衣板都是标准的。起居室中配备有彩电及录像机。客房中有直拨电话、留言服务系统等。

三、女士客房

(一)产生背景

根据美国旅行资料中心20世纪末的统计显示,1970年商务旅游者中妇女人数只占总人数的1%,而现在已上升到39%左右。女性游客特别是商务女性客人人数上升主要由于经济、观念、家庭等因素。

1. 经济原因

随着经济的发展,女性就业人数越来越多,职业女性们有自己的储蓄,有条件自主支配自己的时间和金钱,因而也就有了旅游的基础。

2. 价值观念转变

现代妇女运动提倡男女平等,强调女性生活要以自我为中心,要自主独立,女性的价值观念由此发生了很大改变。经济的发展,收入的增加,为她们了解世界、享受生活提供了物质保障。价值观的转变更使她们有了外出旅游的精神支持。

3. 家庭因素

家庭中角色地位的转变,导致了家庭旅游方式的转变。女性因此更有可能外出公务、旅游、度假。

上述原因直接导致了世界各地主要商务中心城市酒店调整经营策略,更加重视女性客源市场,女性客房应运而生。

（二）女士客房设施及服务要求

西方有句谚语，叫作"酒店是男人为男人设计的"。由此可见，现代饭店要想满足女性宾客的要求，就必须充分考虑这方面的因素，设计出女士们喜爱的客房。

据调查，女商务客人平均年龄比男客人小六岁。她们平均每年出差十至十二次，其中40%是参加会议，在一个地方逗留天数通常要比男商务客人多，在选择饭店时，她们更重视安全和便捷，要求客房清洁、舒适、宽敞、明亮，色彩略显丰富，色调应相应柔和一些；房间里有可挂连衣裙的高衣橱及足够的衣架；要有良好的灯光及照明，以便于梳妆打扮，并有可摆放美容化妆品的大梳妆台；有设在浴室内的晾物架；如有可能，她们中有很多人还希望服务到客房；希望卧房与会客室分开；希望有可供减肥的食品和饮料以及全天的客房服务和完善的商务服务。

但是，在推出女士客房及服务时也应注意以下几点：一是要让女性客人像所有宾客一样得到礼貌和尊敬，采取的服务及设施不能使她们感到仿佛是在接受一种特别的恩惠。二是应考虑到大多数女性商务旅游者不愿以弱者的姿态出现在公众面前。三是在房内设施用品的配置上一定要注意"男女有别"。如卧室内的报刊杂志，女士读的常与男士有很大不同，卫生间里的洗漱用品，女士使用的品种、质量自然更胜一筹。最后也是最重要的一点是，女士对安全方面的要求比男士苛刻很多。

四、无烟楼层（客房）

专供非吸烟宾客入住，并为宾客提供严格的无烟环境的客房称为无烟客房。这里所说的无烟客房不仅是指房间里没有烟灰缸，楼层有明显的无烟标志，而且还包括进入该楼层的工作人员、服务人员和其他宾客均是非吸烟者，或者对于吸烟的房客而言，他在进入该楼层或房间时被礼貌地劝阻吸烟。

无烟客房的出现虽然仅指非吸烟这一点而言，但其在尊重宾客的生活习惯、倡导健康生活观念方面的作用都是不可小觑的。

五、残疾人客房

在我国《旅游涉外饭店星级评定及划分》中，对残疾人设施的要求做了基本规定。根据世界上一些国际饭店集团的标准和我国饭店的具体情况，一些有关残疾人客房的细化标准供参考如下：

（1）关于电梯。宜安装横排按钮，高度不宜超过1.5m。

（2）关于客房。出入无障碍，门的宽度不宜小于0.9m。不宜安装闭门器或其他具有自动关闭性的装置。门上分别在高1.1m和1.5m处装有窥视镜，门链高度不超过1m。床的两边装有扶手，但不宜过长，应方便客人从残疾车上上床。窗帘宜用电动装置，按钮高度为1.2m左右。火警报警装置除有听觉报警器外，还应装有可视性火警装置。房内电器插座高度不宜超过1.2m。

(3) 关于卫生间。入口处无台阶，卫生间门宽度不宜小于0.9m，门与厕位间的空间距离不小于1.05m，洗面盆台面高度在0.7m左右，洗面盆台面下应无影响残疾车运行的管道等障碍物。坐便器高度为43cm左右，坐便器一侧装有70cm左右的水平方向扶手。在浴缸边侧的墙体上装有离地面60cm左右高的垂直方向的扶手一个；在高度为距浴缸平面20cm左右处装水平方向扶手一个；所有扶手应安装牢固，并能承受100公斤左右的拉力。毛巾架及挂衣钩的高度不宜超过地面高度1.2m。淋浴应采用滑动式可调节喷淋器，并配有1.5m左右长的金属软管。

应该讲，随着客人要求的提高，有多少需求就可能有多少客房种类的出现。但是每间饭店应有自己相对明确的市场定位，在对自己目标市场进行仔细分析和充分调查了解的基础上，才能设计出真正满足宾客需要的客房产品。切不可盲目跟风，生搬硬套，这不但浪费饭店宝贵的发展资金，更无法切实地满足宾客需要。

案例

高科技武装　客房更聪明

当客人打开房门，旅馆房间就可以将室温调到最适宜的温度，利用床边触摸式屏幕可调节窗帘，房客小睡时，它还会将来电信息存入语音信箱。这些属于未来梦想的成果，现在的旅馆均可以办到。

位于加拿大温哥华国际机场旁的一家新旅馆Fairmont Hotel，是最新也是最全面性的用高科技装备的旅馆之一。美国INNCOM国际公司为这家拥有392间客房的旅馆设计了这套系统。在各个客房之间串联一种室内动态行为感测系统，旅馆员工知道客房是否在使用状态——就算房客在房内什么也不做，系统也会知道房内有人。旅馆的服务人员只要在房门前挥动一下感测器，如果房内有房客，感测器上的红灯就会亮起，服务人员就不必敲门打扰到房客。

在北美，费尔蒙温哥华机场也有一项特色服务。那就是旅客到达该机场后，可以在行李区的服务台办理旅馆投宿登记。旅客可以拿到房间的进出卡片，行李则由机场方面送到房间。INNCOM系统会接到登记信息，会将房间的温度从"能源节约模式"调到室温，门廊灯和地板灯自动打开。常住客人所关注的细节、所喜欢的事物都可写入程序，自动启动。

不仅如此，客人在客房内就可以拿到登机证，航空公司的服务人员还提供上门服务，帮他们把行李运到航空站。

本章小结

1. 作为饭店最主要产品的客房,其最初设计布置成功与否将直接影响饭店日后经营的成败。

2. 客房产品的设计主要应遵循安全、健康、舒适和效率原则。其中,安全原则是其他各项原则的基础。

3. 为满足客人在房间中的各种生活需要,客房中应有不同的功能空间及相应的设施设备,合理的空间布局和完善的生活设施是体现客房产品价值的重要组成部分。

4. 随着饭店业的发展和客人需求的不断提高,客房设施设备的配置应跟上时代潮流,充分反映人本化、家居化、智能化和安全性的趋势。

5. 近几年在饭店中出现的特殊楼层和客房使饭店的经营方式和产品形式更加多样化,同时也使客人有了更多的选择余地。

思考与练习

1. 搞好客房产品设计有何意义?
2. 确定客房类型配置的原则是什么?
3. 饭店客房有哪几种类型?各有什么特点?
4. 走访你所在城市的几家三星级以上的酒店,叙述他们的客房楼层建筑结构的类型及特点。他们有哪些客房种类?主要的客源类型有哪些?
5. 叙述客房的基本功能空间及配置的设备用品。
6. 客房设计布置的原则有哪些?
7. 如何理解客房设施配备新趋势中的人本化问题?单从客房设计的角度而言,如何理解智能化和人本化的关系?
8. 客房室内设计包括哪些主要内容?应注意哪些方面的问题?
9. 客房照明方式有哪几种?各有什么特点?
10. 客房产品设计如何跟上时代的发展并恰到好处地反映客人需求?

第三章 客房服务管理

课前导读

饭店是旅游者在旅行目的地暂时居留的场所，客房是客人在旅途中的"家"。客人住进饭店后，在客房中逗留的时间最长，因此，客房是否清洁卫生、装饰布置是否美观宜人、设备与用品是否齐全、服务项目是否周全、服务人员是否热情周到，对客人都有直接的影响。客房服务质量的高低，客人感觉最敏锐、印象最深刻，是衡量饭店"价"与"值"是否相符的主要依据。客房服务水平在一定程度上反映了整个饭店的服务水平，是衡量饭店服务质量高低的主要标志。

教学目标

- 了解客房服务模式的特点，把握选择客房服务模式的依据
- 领会客房服务项目设立的原则
- 牢记客房服务项目的内容及有关工作程序
- 掌握客房服务质量包含的内容
- 掌握客房服务质量控制的方法
- 理解客房安全工作的意义，树立强烈的安全意识

第一节 客房服务模式

饭店的客房服务形式主要有楼层服务台和房务中心（客房服务中心）两种。

一、楼层服务台

（一）楼层服务台的设立背景

作为我国旅游饭店特有的客房服务形式，在饭店客房区域每个楼层设立服务台已沿用至今，它是我国传统的接待型宾馆、饭店的产物。楼层服务台受客房部经

理和主管的领导,24小时设专职服务员值台,同时与总台保持着密切的联系。

(二)楼层服务台的优缺点

作为一种传统的接待服务形式,楼层服务台有其弊端,但也有其特有的优势。

1. 优点

给客人以亲切感。这是楼层服务台最突出的优点,也是最能体现、最能代表"中国特色"的优点。由于楼层值台人员与客人的感情交流,更容易使客人产生"宾至如归"感。

安全、方便。由于每个楼层服务台均有服务人员值班,因此对楼层中的不安全因素能及时发现、汇报、处理;同时,客人一旦有疑难问题需要帮助,一出门就能找到服务员,极大地方便了住客,使客人心里有踏实感。在以接待内宾会议客人为主的饭店里,以及一些豪华饭店里,楼层服务台仍受到客人们的欢迎。

有利于客房销售。对于有关客人入住、退房、客房即时租用情况等,楼层服务台能及时准确地掌握,这有利于前台的客房销售工作。

能加快退房的查房速度,避免使结账客人等候过久,产生不愉快感受。

2. 缺点

劳动力成本较高。由于楼层服务台均为24小时值班,要随时保证有人在岗,因此仅值台一个岗位就占用了大量的人力,由此给饭店带来较高的劳动力成本。在劳动力成本日益昂贵的今天,许多饭店淘汰这种服务模式的最主要原因即在于此。

管理点分散,服务质量较难控制。分布在每个楼层的服务台势必造成管理幅度的加大,每个台班上的每个服务员的素质水平多少又有些差异,一旦某个服务人员出现失误,将会直接影响整个饭店的声誉。

易使客人产生被"监视"之感。生活在现代社会的人们,尤其是一些西方客人对自身的各种权利非常重视,特别是个人的隐私权。因此,出入饭店的客人更希望有一种自由、宽松的入住环境,再加上有些饭店的值台人员对客人的服务缺乏灵活性和艺术性,语言、表情、举止过于机械化、程序化,更使客人容易产生不快,甚至感觉出入客房区域受到了"监视"。

二、客房服务中心

(一)客房服务中心的设立背景

随着我国旅游饭店与国际标准的接轨,国外饭店管理集团的大量涌入,同时也考虑到尽量减少对入住客人的干扰,降低饭店经营成本,近几年兴建的饭店大多采用了客房服务中心的形式。即不在楼层设立服务台,客人住宿期间的服务要求由与客房部办公室相连的客房服务中心统一协调。服务中心实行24小时值班制,设两部以上电话,值班人员接到客人要求提供服务的电话后,通过饭店内部的呼叫系统通知客人所住楼层的服务员上门为客人服务。

(二)客房服务中心的优缺点

作为从国外引进的一种服务形式,服务中心在实际运转中也有其利弊。研究其利弊对提高客房管理水平,以及为进一步完善这种形式使之更适合我国旅游饭店的客房管理工作都具有重要的意义。

1. 优点

首先,从对客服务的角度来看,客房服务中心最突出的优点就是给客人营造了一个自由、宽松的入住环境;同时,使客房楼面经常保持安静,减少了对客人的过多干扰。另外,由于客人的服务要求由专门的服务人员上门服务,能让客人感到更多的个人照顾,符合当今饭店服务行业"需要时服务员就出现,不需要时就给客人多一些私人空间"的趋势。

其次,从客房管理工作角度来看,采用服务中心的形式加强了对客服务工作的统一指挥,提高了工作效率,强化了服务人员的时效观念。服务信息传递渠道畅通,人力、物力得到合理分配,有利于形成专业化的客房管理队伍。尤为重要的是,采用服务中心的形式大大减少了人员编制,降低了劳动成本,这在劳动力成本日益提高的今天尤显重要。

2. 缺点

采用服务中心的形式同样存在一些不足。比如:由于楼层不设专职服务员,给客人的亲切感较弱,弱化了服务的直接性;遇到一些会议客人、团体客人时,他们的服务要求一般较多,让客人不停地拨打服务中心的电话,客人必定会不耐烦。如果有些客人出现一些急需解决的困难,服务的及时性必将受到影响。另外,采用服务中心的形式对楼层上的一些不安全因素无法及时发现、处理,在某种程度上影响了住客的安全感。

目前,我国大部分中、高档次的饭店都采用了客房服务中心这一模式。

除了以上两种模式外,还有些饭店采用既设立客房服务中心又设立楼层服务台的综合模式。白天,楼层服务台有专职服务员,因为白天楼层事务以及对客服务工作比较多,楼层服务员的工作量也比较大,而在夜间大多数客人都休息,对客服务工作也比较少,一般可不安排专人值台。如果客人有什么服务需要,可由夜班服务员提供。夜班服务员一般在客房服务中心待命,上楼层提供服务时,将电话转移至总机,由总机接听服务电话。

三、选择客房服务模式的依据

饭店到底选择哪种服务形式,均要根据饭店自身的实际情况及客人的需要。比较理想的服务形式应是既体现饭店自身的经营特色又能受到绝大多数客人的欢迎。在实际运作时,下面几个因素可供参考:

首先,考虑本饭店的客源结构、档次。如果饭店客源结构中外宾、商务散客占绝大多数的话,则可采用服务中心的形式;如果饭店以接待会议团队客人为主,且又以内宾占绝大多数,采用楼层服务台的形式更合适;如果客源构成比较复杂,则可考虑将两种形式结合,比如白天设楼层值台,晚上由服务中心统一指挥协调,只是应在服务指南中向客人说明。

其次,要考虑饭店自身的硬件条件,这主要包括:

饭店的垂直交通问题。有些饭店在建筑设计之初没有考虑到配备员工电梯,或电梯数量严重不足,在这种情况下如果仍采用客房服务中心势必会影响对客服务的速度。

饭店的通信条件。饭店的通信条件是指能否确保客房服务中心与楼层服务员的及时沟通。因此,饭店通常采用店内寻呼系统,此外,饭店还可根据建筑形状,考虑装用子母机电话。如果没有良好的通信条件,客房中心就无法迅速把客人的需求及其他对客服务信息传递给楼层服务员。

要考虑安全监控系统、钥匙系统是否完善,能否适应客房服务中心的需要。

考虑饭店的建筑特点。客房是集中在一幢建筑里,还是分散在各个小楼或别墅里,不同类型的建筑对服务模式有不同的要求,饭店应分别考虑。

第三,要考虑饭店自身的安全条件。饭店所在地区的治安情况及本饭店的安全设施是否完备,也是选择客房服务模式时应考虑的因素。安全性高、安全设施完善的饭店,采用客房服务中心比较适合;反之,则采用楼层服务台比较好。

最后,要考虑本地区的劳动力成本的高低。经济发达地区劳动力成本较高,饭店相对采用服务中心的形式就比较多。反之,则采用楼层服务台的比较多。当然,这样的情况也不尽然,在有些大城市的豪华饭店里,由于当地劳动力市场的原因,这些饭店大量雇用了内地城市的一些旅游职校的学生和内地打工人员。由于这些劳动力成本较低,饭店又能保持高档的人工服务,因此,在一些大城市的豪华饭店里仍有不少采用了楼层服务台的形式。

第二节　客房服务项目及内容

构成客房服务的要素有两个方面:一是满足客人物质享受的要求,即为客人提供一个宜人的住宿环境;二是满足客人精神享受的要求,即提供优质多样的服务。及时了解不同类型的客人对客房服务的基本需求是我们应认真研究的问题。

一、住客的类别及对客房服务需求的分析

(一) 团体旅游观光客

团体旅游观光客以游览、参观为主要目的,行动非常统一,进出店时间有规律,

最突出的要求就是住好、吃好、玩好。针对这些需求特点,在服务工作中应根据其进出饭店的时间,注意做好早晚服务工作。如早上叫醒服务要准时,提前送水,早上离店后按时整理好房间;晚上客人进店前备足开水和冷开水,调节好室温。接受客人的委托服务如洗熨衣服、擦皮鞋、冲洗胶卷等要主动热情、保证质量、及时周到,努力为客人创造一个良好的居住环境,使他们能有充足的精力、愉悦的心情完成他们的旅行活动,从而对饭店留下美好的印象。

(二) 商务散客

据统计,全世界所有饭店客源中,商务旅游者占了53%,其支出至少占全球旅游观光消费的2/3强。因此,了解商务客人在商务旅游中的需要和偏好,对饭店经营者至关重要。因此,有必要对商务散客的需求加以分析。

他们对饭店的设施设备要求很高,如完备的商务中心、先进的通信设备等,喜欢住高档客房,同时希望房间的布置有特色而非千篇一律。他们消费水平较高,对服务要求也高,并希望饭店提供个性化服务。因此,对于商务客人的房间来讲,设备设施应充分考虑办公条件,如宽大的办公桌、舒适的座椅、明亮的灯光、充足的种类齐全的文具用品,先进的通信设备如传真机、调制解调器等。保持整洁体面的形象,给洽谈业务的对方留下良好的第一印象是商务客人非常看重的问题。因此,及时优质的洗衣服务不可忽视,拥有高水平的美容美发师同样会得到商务客人的青睐。再者,由于国际商务客人见多识广,对诸如房间物品陈列布置、设备设施功能状况、清洁卫生标准亦会有所苛求,因此,在服务中应格外注意。

(三) 休闲度假客人

休闲度假客人一般住店时间比较长,消费水平比较高。他们喜欢房间布置有家居氛围,服务要求比较多,洗衣、客房送餐、小酒吧、委托代办、托婴服务等要求均会提出。他们还喜欢丰富多彩的娱乐项目,喜欢同服务员打交道,希望得到热情随和而非中规中矩的服务。另外,度假饭店多为开放式建筑布局,客人来度假都很放松,希望饭店在为宾客提供一个轻松自由的休闲环境的同时,能保证客人的人身财产安全,这就要求服务人员能保持内紧外松的心态,防止不法分子混入饭店给客人造成伤害。

(四) 会议客人

参加会议客人一般住店时间长,活动集中、有规律,使用会场要求高。这类客人一般有一定身份,服务方面要求较高。如要求会议室按时布置妥当,房间清扫及时,访客服务要求茶水座椅齐备,房间内有充足的文具用品,不希望别人翻看会议文件,喜欢会议间隙或晚上有娱乐活动等。会议客人在会议结束回到房间后由于服务要求较多,因此,希望设房务中心的饭店能提供短时的楼层值台服务。

(五) 体育代表团

随着各种国内国际体育赛事的频繁举行,运动员也成为饭店经常接待的客源之一。体育代表团是客源类型中比较特殊的一种,其特殊性主要是由他们所从事的职业造成的。运动员入住一般人数较多,行动非常统一,他们在参加比赛前一般要聚集在一起进行战术讨论,观看比赛录像,因此需要有宽敞的、配备录像设备的会议室。另外,紧张的比赛会使他们特别需要一个安静、舒适的休息环境,这就需要服务人员在工作中坚持"三轻",减少进入客房的次数,打扫房间要及时,同时还要配合饭店保安人员保护他们免受记者、球迷及"追星族"的骚扰。

(六)新闻记者

由于职业关系,新闻记者的生活节奏比较快,因此要求服务讲究效率,并且对服务比较挑剔。他们把房间既当卧室又当办公室。由于各种稿件、传真件、复印件比较多,东西摆放比较杂乱。他们希望房间里有完备的通信设施、齐全的办公用品,能准时得到当天的报纸等。考虑到这类客人一般都比较敏感,服务方面要特别留意。

(七)政府官员

政府官员入住,服务及接待标准要求很高,重视礼仪,店外活动比较多,店内活动较少,服务要求一般由随行人员传达给饭店,且经常会出现一些即时性需要,要求饭店尽快作出反应,安排妥当。他们住店期间不希望服务人员过多进入房间。对安全要求极高,任何安全隐患都应绝对避免出现。要求有高质量的个性化服务。

以上只是对饭店常见的客源类型及其基本需求做一简单分析。随着饭店业的发展,客人的需求会呈现更复杂化、多样化的趋势,这就需要我们从业人员不断地总结经验,"创意源自需求",只有真正站在客人立场上准确把握客人的需求,才能有更多更好的创意,为客人提供更完美的服务。

二、客房服务项目的设立原则

饭店客房服务项目的设立,必须以客人的需求作为基本出发点,同时还需要考虑饭店的档次,即遵循"适合"和"适度"两条基本原则。

(一)适合原则

适合原则就是要求饭店在设立客房服务项目时,必须研究客人的需求,适合客人的基本要求。客人对客房的基本要求可以归纳为清洁、舒适、安全三个方面。

1. 清洁

要求客房窗明几净,布件清洁无污,洁具光亮洁净。清洁是客人对客房的最基本要求,也是回头客选择饭店所考虑的首要因素。

2. 舒适

要求客房内家具、用具、供应品齐全,使用方便,室内装饰雅致和谐,并提供各种客房服务,方便住客的日常起居。

3. 安全

要求有一个安全的住宿环境,使客人的人身和财产的安全得到保障。客房的设备装置应充分考虑客人的安全因素,客房服务程序设计上要考虑客人的安全保障。

(二) 适度原则

适度原则就是要求饭店在设立客房服务项目时,也要考虑饭店的档次,突出饭店的风格,体现"物有所值"的经营观念。饭店档次不同,房价不同,反映在客房服务项目上也有多寡,在客房服务规格上也有高低。如在中国旅游饭店星级标准中,一星级饭店客房服务的必备项目仅是提供客房整理和饮用水供应,而三星级饭店不仅要提供客房整理和饮用水供应,同时还需要提供开夜床服务、房内酒吧、洗衣服务、送餐服务、会客服务、叫醒服务等。又如,同样是"客房整理"服务项目,三星级饭店规定必须每天更换床单,而一星级饭店则允许住客房两天更换一次床单。

三、客房服务项目的主要内容

客人住进饭店后,绝大部分的接待服务工作是由房务部门承担的,其主要内容有8个方面。

(一) 整理房间

客房部在客人住宿期间,要经常保持客房整洁。客房管理部门一般制定了二进房的操作程序,即白天的客房大清扫和晚间的客房夜床服务。客房服务人员不仅要按照规程定时进房整理房间,而且还要根据宾客的要求,随时进房提供客房整理服务,做到定时与随时相结合。特别是当宾客在房内会客或用餐结束后,更需及时提供房间整理服务。

(二) 洗衣服务

客人在住店期间,需要洗烫衣服。宾客的洗烫衣服,一般都是由客房服务人员负责取送。客人送洗衣服可分为水洗、干洗和烫洗三种,客房内应放置洗衣登记单和洗衣袋。客人可根据需要填写洗衣单。单上需填写客人的姓名、房号、送洗日期和送洗衣服的名称及件数。客人填好单后,连同衣服放到洗衣袋里。服务员在取洗衣袋时,应点清件数,然后检查口袋里有无物件,纽扣有无脱落,有无严重污点或破损。如发现问题,应向客人提出,并在洗衣单上注明,以免发生不必要的麻烦。

服务员在收集衣服后,要妥善放置在楼层工作室,并通知洗衣房员工上楼层收取,当洗衣房员工上楼层收取时,需在客房部洗衣记录上签收。当衣物送回时,客房部服务员同样要在送衣单上签收。服务员须将洗烫完毕的衣服及时送进客房。通常都是将衣服放置于床上,让住客返回时可知道洗衣已经送回。当房门挂有"请勿打扰"牌时,可将特制的说明纸条从门隙处塞进房,其意是告诉客人衣服已经洗烫完毕,客人可随时通知服务员送进房。不能马上送进房的客衣,要将它妥善存放在楼层工作间。洗烫的客衣一般应于当日送回,即早上送洗,晚上送还。如客人急用,也可提供"快洗服务",但要加收加快费用。客衣的洗涤价格,要在洗衣登记单上一一罗列,特别是有关赔偿的规定,更需在洗衣登记单上注明。洗衣单样式见表3–1。

第三章 客房服务管理

表3-1 洗衣单

×××酒店
HOTEL

洗衣价目 LAUNDRYLIST

姓名 Name _____ 房号 Room Number _____ 日期 Date _____

客人签名 Guest's Signature _____ 总件数 Total Pieces _____

☐ 普通服务 Regular Service
早上十时前收衣服,当天晚上送回
早上十时后收衣服,第二天晚上送回
Garment collected before 10am. returned at night. Garment collected after 10am. returned on the following night.

☐ 快洗服务 收费加半倍 Express service 50% Additional Charge
四小时送回衣服
最后时间为下午5:30
Garment returned within 4 hours. Latest collection at 5:30pm.

特别通知 Special Instruction _____

☐ 送回恤衫挂衣架 RETURN SHIRT ON HANGER
洗衣服务请拨798 DIAL 798 FOR COLLECTION

☐ 送加恤衫折叠 RETURN SHIRT FOLDED

湿洗 LAUNDRY

数量 NO. OF ITEMS	女客 LADIES	单价 PRICE 元	总额 TOTAL 元
	衬 衫 Shirt	10.00	
	短 裙 Skirt	10.00	
	女上衣 Jacket	7.00	
	胸 罩 Bra	5.00	
	西装裙 Suit Skirt	14.00	
	袜子 Stocking	5.00	
	手帕 Handkerchief	3.00	

干洗 DRY CLEANING

数量 NO. OF ITEMS	女客 LADIES	单价 PRICE 元	总额 TOTAL 元
	西装(2件)Suit(2PCS)	22.00	
	外 套 Coat	15.00	
	围 巾 Scarf	8.00	
	连衣裙 Dressing	20.00	
	短 裙 Skirt	12.00	
	女上衣 Jacket	9.00	
	手 帕 Handkerchief	4.00	

熨衣 PRESSING

数量 NO. OF ITEMS	女客 LADIES	单价 PRICE 元	总额 TOTAL 元
	西装(2件)Suit(2PCS)	13.00	
	外 套 Overcoat	9.00	
	围 巾 Scarf	5.00	
	连衣裙 Dressing	12.00	
	短 裙 Skirt	7.00	
	女上衣 Jacket	6.00	
	手 帕 Handkerchief	3.00	

总额 TOTAL 元

续表

湿洗 LAUNDRY

数量 NO. OF ITEMS	女客 LADIES	单价 PRICE 元	总额 TOTAL 元
	睡衣(2件) Pyjamas(2PCS)	12.00	
	西装裤 Suit Trousers	12.00	
	游泳衣 Swim Suit	6.00	
	短裤 Shorts	6.00	
	内裤 Underpants	5.00	

数量 NO. OF ITEMS	男客 GENTLEMEN	单价 PRICE 元	总额 TOTAL 元
	运动衣(1套) Track Suit(1PCS)	16.00	
	外套 Coat	13.00	
	衬衫 Shirt	10.00	
	T恤 T-Shirt	8.00	
	牛仔裤 Jean	10.00	
	背心 Vest	8.00	
	短裤 Shorts	6.00	
	内衣 Undershirt	5.00	
	内裤 Underpants	5.00	
	袜子(1双) Socks(1PAIR)	5.00	

干洗 DRY CLEANING

数量 NO. OF ITEMS	女客 LADIES	单价 PRICE 元	总额 TOTAL 元
	百褶裙 Pleated Skirt	13.00	
	睡衣(2件) Pyjamas(2PCS)	15.00	
	羽绒服 Eider down Sweater	25.00	
	大衣 Overcoat	46.00	
	夜礼服(2件) Evening Dress	35.00	
	旗袍 Cheongsan	25.00	
	长裤 Slacks	14.00	
	毛衣 Pullover/Sweater	18.00	
	短裙 Skirt	14.00	

数量 NO. OF ITEMS	男客 GENTLEMEN	单价 PRICE 元	总额 TOTAL 元
	西装(3件) Suit(3PCS)	30.00	
	西装(2件) Suit(2PCS)	22.00	
	外套 Coat	15.00	
	西裤 Trousers	12.00	
	衬衫 Shirt	12.00	
	领带 Tie	6.00	
	T恤 T-Shirt	10.00	
	短裤 Shorts	7.00	
	牛仔裤 Jean	12.00	
	羊毛衫 Woolen Sweater	12.00	

熨衣 PRESSING

数量 NO. OF ITEMS	女客 LADIES	单价 PRICE 元	总额 TOTAL 元
	百褶裙 Pleated Skirt	8.00	
	睡衣(2件) Pyjamas(2PCS)	9.00	
	羽绒服 Eider down Sweater	15.00	
	大衣 Overcoat	28.00	
	夜礼服(2件) Evening Dress	21.00	
	旗袍 Cheongsan	15.00	
	长裤 Slacks	9.00	
	毛衣 Pullover/Sweater	11.00	
	短裙 Skirt	9.00	

数量 NO. OF ITEMS	男客 GENTLEMEN	单价 PRICE 元	总额 TOTAL 元
	西装(3件) Suit(3PCS)	18.00	
	西装(2件) Suit(2PCS)	13.00	
	外套 Coat	9.00	
	西裤 Trousers	7.00	
	衬衫 Shirt	7.00	
	领带 Tie	4.00	
	T恤 T-Shirt	6.00	
	短裤 Shorts	4.00	
	牛仔裤 Jean	7.00	
	羊毛衫 Woolen Sweater	7.00	

续表

湿洗 LAUNDRY				干洗 DRY CLEANING				熨衣 PRESSING			
数量 NO. OF ITEMS	男客 GENTLEMEN	单价 PRICE 元	总额 TOTAL 元	数量 NO. OF ITEMS	男客 GENTLEMEN	单价 PRICE 元	总额 TOTAL 元	数量 NO. OF ITEMS	男客 GENTLEMEN	单价 PRICE 元	总额 TOTAL 元
					大衣 Overcoat	46.00			大衣 Overcoat	28.00	
小计 Sub Total				小计 Sub Total				小计 Sub Total			
加快服务加50% Express Extra Charge 50%				加快服务加50% Express Extra Charge 50%				加快服务加50% Express Extra Charge 50%			
服务费加30% Service Charge 30%				服务费加30% Service Charge 30%				服务费加30% Service Charge 30%			
合计 TOTAL				合计 TOTAL				合计 TOTAL			

总 计 Grand Total：（RMB ￥ ）

小孩衣物收费减半，请用另一洗衣袋及清单
CHILDRENS' CLOTHING
Charges are 50% of adult charges.
Please use separate bag and list.
NO.:0011251

服务要求：
1. 酒店接受一切送洗衣房洗涤的衣物，但由于衣物的质地和特点不同，酒店对洗涤结果概不负责。
2. 在栏目1内，指明衣物件数（客人计数），其计数以酒店计数为准，万一出现计算上的不一致，我们将与您取得联系，如您不在，其计数以酒店计算为准。
3. 任何衣物的丢失、损坏，其赔偿不超过洗熨费的十倍。
4. 所有赔偿要求必须在发送以后的二十四小时之内提出，并必须持有原始单据。
5. 在送到洗衣房之前，请把衣物内私人物品取出，酒店对任何遗留在衣物内物品的丢失和损坏不负责任。

CONDITIONS OF SERVICE：
1. Due to conditions and characteristics of articles, all goods sent for Laundry/Valet are accepted by the Hotel at owner's risk.
2. Please indicate number of articles in Column 1 (Guest Count). Failing which, the Hotel Count must be accepted as correct, in case of discrepancy. We will try to Contact you, and if you are not available, the Hotel Count must be accepted as correct.
3. Liability of loss or damage is limited to an amount not exceeding 10 times the cost of cleaning or pressing the said item.
4. All claims must be made within 24 hours after delivery and must be accompanied by the original list.
5. Please remove all personal belongings from the articles before sending, the Hotel will not be responsible for any loss or damage of articles left in items.

(三)饮料服务

为了方便客人,在客房小冰箱内,都放置一定数量和品种的饮料,包括烈酒、啤酒、汽水、果汁以及花生、杏仁等佐酒小食品。在柜面上,则放置一些玻璃器皿、杯垫、纸巾、调酒棒及饮料收费单。收费单里说明各种饮食品的价格及贮存在房内的固定数量。客人饮用后,要在饮料收费单上签字。

客房服务员每天进房清点小冰箱内的饮料数量,并核对客人填写的饮料收费单。收费单的第一联和第二联转交前厅收银处记账和收款,第三联则由客房部汇集后填写食品耗用报告。服务员除记录客人耗用情况外,还须及时将食品按规定的品种数量补充齐全,将用过的杯子、纸巾、杯垫、调酒棒等撤换,并放上新的饮料单。饮料单样式见表3-2。

表3-2 小酒吧饮料单

×××酒店　　　　　　　　　　　　　　　　　　　　小酒吧 MINI BAR
　　HOTEL

★★★★★

* PLEASE MARK AND SIGN, YOUR ACCOUNT WILL BE CHARGED ACCORDINGLY.
* 饮用后,请填表以便入账。
* FOR REPLENISHMENT PLEASE DIAL EXTENSION 41.　No.0003451
* 如需补充,请拨号码41。

房间号码　　　　　　　检查员　　　　　　　　　　日期
ROOM No.　　　　　　 ROOM ATTENDANT　　　　　DATE

存量 STOCK	项目 DESCRIPTION	单价 UNIT PRICE	数量 CONSUMPTION	银码 AMOUNT
	MAO TAI　　　　　　茅台酒	¥75.00		
	J. W. BLACK LABEL　　黑　方	¥60.00		
	REMY MARTIN V.S.O.P.　人头马	¥30.00		
	GORDON GIN　　　　 金　酒	¥30.00		
	BACARDI RUM　　　　朗姆酒	¥30.00		
	VODKA　　　　　　　伏特加	¥30.00		
	SAN MIGUEL　　　　　生力啤	¥30.00		
	TSING TAO BEER　　　青岛啤酒	¥15.00		
	COCA COLA　　　　　可口可乐	¥15.00		
	SPRITE　　　　　　　雪　碧	¥15.00		
	COCONUT JUICE　　　椰子汁	¥15.00		
	MONGO JUICE　　　　杧果汁	¥15.00		

续表

存量 STOCK	项目 DESCRIPTION		单价 UNIT PRICE	数量 CONSUMPTION	银码 AMOUNT
	MINERAL WATER	矿泉水	￥30.00		
	NUTS	果 仁	￥15.00		
	CHOCOLATE	巧克力	￥15.00		
	DRIED BEEF	牛肉干	￥15.00		
	COOKIES	曲奇饼	￥12.00		
客人签名 GUEST'S SIGNATURE		前台收银 CASHIER			

（四）擦鞋服务

根据住客的需要，饭店一般都提供擦鞋服务。饭店擦鞋服务的方式有三种：一种是在客房内放置擦鞋纸套，供客人使用；一种是在饭店大厅摆放自动擦鞋机；还有一种是人工代客擦鞋。根据饭店的档次，采用其中一种或几种方式。

提供人工代客擦鞋服务，应在客房壁橱内放置标有房间号码的鞋篮，并在服务指南中告示客人如需擦鞋，可将鞋放入鞋篮内，于晚间放置房间门口并直接通知楼层服务员。客房服务员一般只替客人擦拭深色皮鞋，若遇客人交来浅色皮鞋或特殊皮革制成的鞋，不可随意乱擦，或者可以在征得客人同意后将皮鞋代交鞋匠处理。

（五）托婴服务

为了方便携带小孩的客人不必因小孩的拖累而影响外出活动，很多饭店都提供托婴服务，帮助客人照料小孩并按小时收取服务费用。一般饭店并无专职保育员，多由客房部女服务员兼管。托婴服务是一项责任重大的工作，这些兼职的女服务员必须接受过照料小孩的专门训练，懂得和掌握照看婴幼儿的专门知识和技能。在提供托婴服务时，服务员必须向客人了解小孩的特点及家长的要求，在规定的区域内照看小孩，不得擅离职守，并需认真填写托婴服务情况表。

（六）访客接待

客房楼层服务员对来访客人的接待，要像对住店客人一样热情有礼。在查看访客单及征得住房客人同意后，引领来访者进入房间。如来访者众多时，还应提供加椅和送茶服务,并主动询问被访的住客还需提供什么服务,尽力帮助解决。在接待访客时,既要主动热情,又要保持警觉,观察来访者来去时所携带的物品,发现可疑情况要及时报告。若住客不在房内,可请访客留言或到饭店公共区域等候。对晚间来访的客人应讲清饭店会客时间的规定,如访客需要留宿,应请客人去前厅接待处办理住宿登记手续。

(七) 借用物品服务

饭店还向有特殊需要的住店客人提供借用物品服务,如临时出借熨斗、烫衣板、吹风机、婴儿床、硬枕、冰袋、体温计等物品。借用物品服务,是客房部负责提供的。在饭店的服务指南中,应标明可供借用的物品名称及借用办法。客人在借用和归还物品时,都必须办理借用和归还手续,造册登记。在宾客离开饭店前,客房部应通知客人归还借用的饭店物品。

(八) 拾遗处理

客人在住店期间或离店时,难免会发生遗失物品情况。为了帮助客人找回遗失的物品,饭店应有拾遗处理的规定程序。客房部通常是处理客人遗失物品的负责部门。在店内拾到的客人遗失物品,统一归客房部处理。客房部一般建立客人遗失物品日志,记录拾到时间、地点、物品、名称和拾物人姓名,并将拾到物品妥善保管。前厅人员、总机人员或饭店其他员工遇到客人有关失物的查询时,应提供机会请客人直接向客房部查询。失主认领物品时,客房部须请客人出示证件,经仔细核实后才能发还,并请失主在物品领取单上签字。拾获物品报告见表3-3。

表3-3 拾获物品报告
LOST & FOUND REPORT

日期_____ 拾获地点_____
DATE   LOCATION

拾获者_____ 部门_____
FOUND BY   DEPT

失物描述_____
DESCRIPTION OF ITEMS
_____
_____

以下仅供房务部办公室填写
HSKP OFFICE USE ONLY

拾获编号_____
RECORD NO.
_____

拾获人签名_____ 经手人_____
SIGNATURE OF FOUNDER   HANDLER BY

四、客房个性化服务的提供

(一)个性服务的定义

个性服务就是有针对性地满足不同客人合理的个别需求的服务。

个性服务起源于海外发达国家,称之为 Personalized Service 或 Individualized Service。之所以提出这样一个服务新概念,主要是因为西方饭店业在近百年发展过程中发现在真正面对客人服务时,仅有规范化的服务仍然不能使不同的客人完全满意。造成这种状况的最主要原因就是服务对象——客人的需求实在是变化莫测,标准化的规范只能满足大多数客人表面上的基本需求,而不能满足客人更深层次的不可捉摸的个别需求。标准化的规范是死的,而这些深层次的需求却是即时的、灵活多变的。这就是为什么有时服务员规规矩矩地为客人服务不但没有让客人高兴,反而会使客人感到别扭,甚至大发脾气。在这种背景下,饭店经营者开始认识到,服务必须要站在客人的角度因客人之需而随机应变,个性服务由此产生,即服务必须有针对性地满足不同客人的个别需求。

(二)个性服务的内容

个性服务通常体现出服务员的主动性及发自内心的与客人之间的情感交流,设身处地地揣度客人心理。个性服务的内容很广泛,有时甚至显得很零乱、琐碎,归纳起来,可以有以下五个方面:

1. 更灵活的服务

这是最普通的个性服务。概括地说,不管是否有相应的规范,只要客人提出要求,且是合理的,饭店就应尽最大可能去满足他们。比如,在许多情况下,我们会经常听到这样的对话:客人说:"小姐(先生)还是让我(们)自己来……吧。"服务员说:"小姐(先生),对不起,我们饭店有规定,还是让我来吧。"此时,无论服务员的语气多么委婉、态度多么热情,可对客人来讲,他(她)的最初合理要求没有得到满足,甚至感到被拒绝,这种情况在我们今天的饭店服务中是屡见不鲜的。

2. 能满足癖好服务

这是最具体、最有针对性的个性服务。前面我们谈到客人的需求千差万别,有些客人的有些需求更是独特。比如北京民族饭店曾住进一位外国老太太,她不喜欢服务员穿鞋进她的房间;还有一位住在某五星级酒店的阿拉伯客人每天早上要倒立墙上读《古兰经》,并要求服务员陪在一边不得发出任何响声。所有这些特殊习惯可能涉及方方面面,这就需要我们仔细观察,并做好记录存储起来,建立规范化的需求档案,满足客人这些非常有"个性"的需要。

3. 意外服务

严格来讲,这不是客人原有的需要,但由于旅游过程中难免发生意外,客人急需解决有关问题,在这种情况下,"雪中送炭"式的个性服务就必不可少了。如客人在住房期间患病或受伤、贵重物品丢失等,此时,急客人所急,想客人所想,在客人最需要帮助时服务及时到位,客人必将没齿难忘。

4.(电脑)自选服务

随着电脑技术的发展,发达国家的许多个性服务通过电脑——Guest Operated Devices(宾客自选装置)来实现,无论是个人留言、查询消费账目、结账、叫醒服务,还是客房送餐(Room Service)、VOD 点播(客房视频点播系统)都可以由客人在房间内通过客房电视电脑系统自由选择并处理,这是一种高品质的个性服务。

5.心理服务

凡是能满足客人心理需求(包括那些客人没有提出,但肯定存在的心理需求)的任何个性服务都将为客人带来极大的惊喜,这要求饭店服务人员有强烈的服务意识,主动揣摩客人心理,服务于客人开口之前。

以上对个性服务的内容作了简单介绍。需要指出的是,个性服务与规范服务并不是两种对立的不同的服务,可以说规范服务是基础,个性服务是规范服务的延伸、再细化,在强调个性化服务的同时不能放弃规范服务或弱化规范服务的作用。因为,大多数客人的大多数基本需求得通过规范服务来满足,规范服务是一家饭店服务质量的基础保证,没有了规范服务,服务质量就成了无本之木。当某些个性化服务成为大多数客人的需求时,就应将这部分个性需要纳入规范服务的范畴,使之成为新的规范内容,以不断提高饭店的服务水平。

(三)客房服务中特殊情况的处理

1.残疾客人服务

此类客人都是身体某一部分完全或部分丧失其功能作用,如手残者、腿残者、盲人、聋哑人等。在客房服务中应根据残疾客人行动不便、生活自理能力差等特点,给予特别的照料。对残疾客人服务规程如下:

(1)如酒店有残疾人专用房间的话,应尽量给客人提供此类客房。

(2)在客人进店前,根据前厅等部门提供的资料了解客人的姓名、残疾的表现、生活特点、有无家人陪同及特殊要求等,做好相应的准备工作。

(3)在客人抵店时,梯口迎接,问候客人并主动搀扶客人进入客房,帮助提拿行李等物品。

(4)仔细地向客人介绍房内设施设备和配备物品,帮助客人熟悉房内环境,对盲人和视力不佳的客人,这点尤其重要。

(5)在客人住店期间,对其进出应特别关注,并适时予以帮助,如搀扶进出电梯、客房,提醒客人注意安全等。当客人离开楼层到酒店其他区域时应及时通知相关部门有关人员给予适时的照料。

（6）主动询问客人是否需要客房送餐服务,并配合餐饮服务人员做好服务工作。

（7）应尽力承办客人委托事项,通过有关部门的协作及时完成并有回复,使残疾客人住店期间倍感方便、愉快。如客人需代寄邮件、修理物品等,要及时通知大厅服务处为客人办理,提供让客人满意的服务。

（8）对残疾客人的服务应主动热情、耐心周到、针对性强,并且照顾到客人的自尊心,对客人的残疾原因不问问、不打听,避免言语不当而使客人不愉快。

（9）当客人离店时,服务人员应主动征询客人的意见和要求,并通知行李员帮助客人提拿行李,送客人进入电梯后方可离开。

2. 病客服务

由于旅客来到这个陌生的地方可能会因水土不习惯而患病,作为与住客最接近的客房服务员,若发现住客生病,须报告领班并写下记录。以下是客房服务中遇见住客生病时应注意的事项:

①慰问住客之病情;②提醒客人,酒店设有医务室,或帮助客人请医生到客房出诊;③表示关怀及乐于帮助他;④将纸巾、热水瓶及垃圾桶放置于床边,加送热毛巾;⑤特别留意这间房的一切动静,适时借服务之机进入客房观察并询问客人有无特殊需求;⑥建议并协助客人与就近的亲朋好友取得联系,提醒客人按时服药,推荐适合客人的食品;⑦客房部经理亲自慰问病客,并送鲜花、水果等给病人,以表示酒店对他的关怀。

◆如遇上旅客患重病或急症,应立即通知大堂经理及值班经理,把患病客人送到附近医院治疗,未到医院之前由驻店医生进行急救处理。

◆若发现客人休克或其他危险情况时,应立即通知上级采取相应措施,不得随便搬动客人,以免发生意外,因为脑溢血、心脏病等病人是不能随便移动的。

◆如有客人要求服务员代买药品,服务员首先应婉言向客人说明不能代买药品,并推荐饭店内的医务室,劝客人前去就诊。若客人不想看病,坚持让服务员代买药品,服务员应及时通知大堂经理,并由其通知驻店医生到客人房间,由医生决定是否从医务室为客人取药。

◆在对病客的日常照料中,服务员只需做好必要的准备工作即可离去,不得长时间留在病客房间,病客若有需要可电话联系。

◆若发现客人有传染病时,应做到:关心安慰客人,稳定客人情绪;请驻店医生去为其诊断;确认后将客人转到医院治疗;客人住过的房间应请防疫部门进行消毒;彻底清洁客房,客人用过的棉制品及一次性用品予以销毁。

3. 醉客服务

酒店中的醉客问题经常发生,而其处理方法因人而异,有时非常困难,一般应视醉客之情绪,适时劝导,令其安静。部分醉客会大吵大闹或破坏家具,遇人就打,有些还会随地乱吐或不省人事等,应按其特征情节之轻重,因人而异分别处理。服务员遇上这样的情况时:

(1) 须马上通知保安人员及楼层领班,并保持理智与机警,必要时协助保安人员将其制服,以防干扰其他住客或伤害自己。

(2) 通常应安置醉客回房休息,不再提供酒类饮品,但仍要注意房内动静,以免家具受到捣毁或因吸烟而发生火灾,带来无妄之灾。

(3) 当发现客人在房内不断饮酒,客房服务员便应特别留意该房客人动静,并通知领班,在适当情况下,与当班其他服务人员或领班借机进房察看,千万不可独自进房及帮助客人宽衣解扣,以免发生不必要的误会及难以预料的后果。

(4) 在楼层过道发现醉酒客人,要验证其身份,如是住店客人,则联络同事一起将其带回房间;如不是住店客人,通知保安将其带离楼层并控制其行为,以免影响他人。

(5) 若客人饮酒过量造成轻度昏迷,则应该扶客人上床后马上联系驻店医生为其治疗。

(6) 将纸篓、面巾纸、开水、漱口水放在客人床边,以防客人呕吐,如呕吐过对地面要及时处理。

(7) 征求客人同意后,泡一杯白开水或醋兑水,帮助客人醒酒。

(8) 因醉酒而大吵大闹的客人要留意观察,在不影响其他客人的情况下一般不予以干涉,如造成物品损坏,应做好记录,等客人酒醒后按规定赔偿。

(9) 在工作服务表上填上醉酒客人房号、客人状况及处理措施。

案例

个性化服务体现在细微处

有一天,某酒店客房部员工李婷在给一位香港客人做房。当她打开毛毯,发现客人枕过的两个枕头中间有一道折痕。细心的小李想:为什么两个枕头同时都出现一道折痕呢?她分析了一会儿认为只有一种可能,那就是客人嫌枕头低,把两个摞在一起同时使用。当她确认自己的判断以后,便将两只备用的枕头为客人加上。

晚上,客人回到房间,发现床上多了两个枕头,顿觉奇怪:我没给任何人讲过,他们怎么知道我嫌枕头低呢?第二天,客人没有外出,专等服务员做房。当他见到小李时,开口便问:"你为什么把我的两个枕头换成四个枕头?"小李吓坏了,连忙说道:"对不起,先生,实在对不起。如果您不喜欢,我马上撤掉,您看好吗?"客人看到服务员的紧张情绪,马上笑了:"不是,小姐,我是说,你怎么知道我嫌枕头低?"小李如释重负,就把她思考的前前后后说了出来。客人听后,不禁感叹道:"谢谢,你们酒店真是在用心为客人服务!"

第三节 客房服务工作管理

为了使客房服务工作正常开展,必须对客房服务活动进行有效的管理。

一、客房服务工作管理的任务

(一)搞好清洁卫生工作,为客人提供舒适的住宿环境

搞好客房的清洁卫生是饭店赢得客人信赖的重要因素。现代旅游已经成为一种高级消费方式,客人对清洁卫生的要求越来越高。清洁卫生是保证客房服务质量和客房价值的重要组成部分。饭店的良好气氛,舒适、美观、清洁的住宿环境,都要靠客房服务人员的辛勤劳动来实现。所以,搞好清洁卫生、提供舒适的住宿环境,是客房工作的首要任务。客房部必须通过制定和落实清洁卫生操作规程、检查制度,来切实保证清洁卫生的工作质量。

(二)做好宾客接待工作,提供周到的客房服务

做好宾客接待服务工作是客房部日常业务工作的一项重要任务,它包括从迎接客人到送别客人这样一个完整的服务过程。宾客在客房停留的时间最长,除了休息以外,还需要饭店提供其他各种服务,如洗衣服务、饮料服务、擦鞋服务,等等。能否做好宾客接待工作,提供热情、礼貌、周到的客房服务,使客人在住宿期间的各种需求得到满足,直接关系到饭店的声誉,反映了客房商品的价值。

(三)加强客房设备用品管理,降低经营成本

客房中的物料用品不仅繁多,而且每天的需要量也较大。物料用品费用的开支是否合理,直接影响饭店的经济效益。加强客房设备用品管理,可以提高设备用品的使用效率,减少浪费,降低成本,使饭店获得良好的经济效益。客房部的任务之一,就是要在满足客人需要的前提下,控制物品消耗,减少成本支出,取得最佳的经营效果。

二、客房服务工作的管理内容

(一)客房接待的规程设计

客房接待规程的设计是开展服务活动的前提,它包括客房设施的设计和客房服务活动的设计两方面内容。

1. 客房设施设计

主要包括客房的布置和装饰;客房内各种设备和用具的配备与安放;客房内各

种供客人使用的物品供应与摆放位置等。

2. 客房服务活动设计

主要包括服务人员应有的仪表、仪容；服务人员应有的礼节、礼貌；服务人员迎送客人的服务方式；服务人员打扫整理客房的操作程序；客房服务项目的确立；客房服务的检查标准等。

搞好上述各项设计必须作好认真的调查研究，了解各种客人对客房设施和服务的要求，评估饭店本身的条件，仔细分析，反复比较。

（二）客房服务人员的配备

恰当地做好人员配备工作是开展客房接待服务活动的组织保证。客房服务人员的配备可按以下五个步骤进行：

1. 确立客房服务模式

客房服务通常有两种模式，即客房服务中心制和楼层服务班组制。前者注重用工效率和统一调控，因而对降低客房部门劳动成本支出有着重要意义。而后者则有利于做好楼层的安全保卫工作。二者在人员的配置数量上有较大差别，因而，饭店必须根据本身的管理水平及安全设施的情况，确定客房部门的机构组成类型，确立客房部门的对客服务模式，并在此基础上确立岗位数量。

2. 预测客房工作量

在确定了客房服务模式之后，就要对客房部所承担的工作量作预测。为便于分析，一般把工作量分成固定工作量和变动工作量两个部分。

固定工作量是指那些只要饭店经营就必须完成的日常例行事务，它的目的主要用以维护饭店既定规格水准，如所有公共区域的日常清洁整理、计划卫生和定期客房保养工作。固定工作量往往反映了一个饭店或部门工作的基本水准，所以其政策性较强，反映了饭店经营者的管理思想。

变动工作量则随着饭店业务量等因素的改变而变化，如走客房的数量、贵宾服务、特殊情况的处理。虽然住客率的高低、客人类别的差异、季节的更替，甚至天气的变换都可能对这部分工作量产生影响，但一般都以平均开房率为轴心预算工作量。如某饭店开房率最低可达40%，最高可达100%，全年平均开房率为70%，则一般以70%为计算工作量的基础。

3. 确定员工劳动定额

确定劳动定额时，必须考虑下列诸方面因素：

（1）人员素质。除了人员的年龄、性别等差异外，其性格、文化程度、专业训练水平等方面的差别，都将影响劳动定额的确定。因而，应当首先了解员工的素质水准，将其作为制定劳动定额的依据。

（2）工作环境。鉴于饭店建筑与装潢风格不同、客房类型不同和客人生活习惯、员工的工作环境千差万别,定额的制定也应该具体情况具体分析,切忌生搬硬套。

(3)规格要求。客房布置规格的高低对定额的影响是显而易见的。首先,要根据饭店档次合理制定客房布置规格,然后再使定额的制定适合布置规格的要求。

(4)劳动工具配备。必要的劳动工具是工作质量和效率的保证。客房部门应根据工作内容及操作程序的要求,配备合适的劳动工具,并测算在一定工具配备条件下,各项操作工作的时间标准,作为制定定额的依据。

4. 确定人工配备数量

客房部门的员工配备通常以岗位设置和班次划分作为测试依据。

首先,要确定客房部门管辖区域所有的岗位或工种设置,如客房清扫员、值台服务员等。

其次,明确各工作岗位的班次划分。

最后,根据工作定额和工作量预测,确定每班次员工数及整个客房部员工数。计算公式如下:

$$客房部门所需员工数 = 工作量预测/工作定额 \div 出勤率$$

例:如某饭店有500间客房,预测出租率为80%,白班清扫服务员工作定额为10间,晚班清扫服务员工作定额为40间,每周实行五天工作制(暂不考虑其他节假),则客房部所需清扫服务员可作如下计算:

$$白班清扫服务员 = \frac{500(间) \times 80\%}{10(间)} \div \frac{5}{7} = 56(人)$$

$$晚班清扫服务员 = \frac{500(间) \times 80\%}{40(间)} \div \frac{5}{7} = 14(人)$$

$$客房部所需清扫服务员 = 白班清扫服务员 + 晚班清扫服务员$$
$$= 56(人) + 14(人) = 70(人)$$

5. 妥善安排劳动力

尽管事先经过妥善的斟酌和计算,但由于种种原因,劳动率定额和实际需求之间通常不是自然吻合的,这就要求在实际工作安排中做好调节,使其具有"弹性"。

(1)根据劳动力市场的情况决定用工的性质和比例。如果劳动力较为饱和,则制定编制时应偏紧,以免开房率较低时造成窝工而影响工作气氛,而在旺季开房率较高时,可征聘临时工缓解矛盾。反之,则要将编制定得充分些,以免在开房率较高时造成工作质量下降。

通常,为了控制正常编制,减少工资和福利开支,许多饭店愿意使用临时工来做一些程序比较简单、技能要求并不太高的工作。这对于增强人员编制的弹性、降低培训费用较为有利。但这种编制弹性应限制在可控范围内,同时不能因此而放松对合同工的技能训练和思想教育,以便掌握劳动力安排的主动权。

(2)了解客源市场动向,力求准确预测客情。客源情况是不断变化的,因而由客房部承担的那部分可变工作量也在不断地变动着,而掌握了客情的大致动向后就可以做好应对准备,以免到时措手不及。

客房部除了要作出年度及季度的人力预测外,更应做好近期的劳动力安排。这样,掌握客情预测资料就成为一个十分重要的工作。客房预测资料主要包括每周预测表、团队和会议预订报告、每日开房率及客房收入报表、住客报表和预计离店客人报表。

(3)制订弹性工作计划,控制员工出勤率。客房管理者必须通过制订工作计划来调节日常工作的节奏,如计划卫生的周期性工作和培训的穿插进行等,做到客人少时仍有事可做,工作忙时又有条不紊。

控制员工出勤率的方法有许多,除了利用奖金差额来控制外,还要通过合理安排班次、休假等来减少缺勤数或避免窝工。对于一些特定的工种,可灵活安排工作时间,采用差额计件制等各项行之有效的方法。

(三)客房服务任务的分配

客房服务任务的分配,主要是利用信息传递、各种报表、岗位职责规定等形式使服务人员明了自己的业务范围、操作程序,自觉地贯彻执行。在出现工作忙闲不均或有重要突出任务时,则要在客房部内进行统一的人力和物力调配。一般通过每日的客房部交接班碰头例会,交代清楚需要完成的任务和注意事项,使客房服务人员明白需要做什么、为什么做、何时做、何处做、何人做和怎样做。

(四)客房服务质量的控制

1. 客房服务质量的构成要素

客房服务质量要素一般由以下几方面构成:

(1)服务态度。服务态度是提高服务质量的基础。它取决于服务人员的主动性、积极性和创造精神,取决于服务人员的素质、职业道德和对本职工作的热爱程度。在客房服务实践中,良好的服务态度表现为热情服务、主动服务和周到服务。

(2)服务技巧。服务技巧是提高服务质量的技术保证,它取决于服务人员的技术知识和专业技术水平。客房服务员在为宾客提供服务时总要采用一定的操作方法和作业技能。服务技巧就是这种操作方法和作业技能在不同场合、不同时间,对不同对象服务时,能适应具体情况而灵活恰当地运用,以取得更佳的服务效果。只有掌握服务规程和操作程序,不断提高接待服务技术,具备灵活的应变能力,才能把自己的聪明才智和饭店服务工作结合起来体现在为客人服务的全过程之中,从而为客人提供高质量、高效率的服务。服务技巧作为劳务质量的重要组成部分,关键是抓好服务人员的专业技术培训。其基本要求是:掌握专业知识,加强实际操作训练,不断提高技术水平,充分发挥接待的艺术性,包括接待艺术、语言艺术、动作表情、应变处理艺术等,以提高服务质量。

(3)服务方式。服务方式是指饭店采用什么形式和方法为客人提供服务,其核心是如何方便客人,使客人感到舒适、安全、方便。服务方式随客房服务项目而变化。客房服务项目大体上可分为两大类:一类是基本服务项目,即在服务指南中明确规定的,对每个宾客几乎都要发生作用的那些服务项目。另一类是附加服务项目,是指由客人即时提出,不是每个宾客必定需要的服务项目。服务项目反映了饭店的功能和为顾客着想的程度。因此,客房服务质量管理必须结合各个服务项目的特点,认真研究服务方式,如客房预订方式、接待方式等。各种服务方式都必须从住店客人活动规律和心理特点出发,有针对性地提供服务。如客房清扫的顺序和时间安排,电传、复印的手续是否方便客人等。总之,每一个服务项目都要根据实际需要来选择服务方式,要以提高服务质量为根本出发点。

(4)服务效率。服务效率是服务工作的时间概念,是提供某种服务的时限。等候对外出旅行的人来说是一件头痛的事,因为等候使人产生一种心理不安定感,况且离家外出本身就存在不安全感,而等候则强化了旅游者的这种心理。所以,客房服务要想尽量减少等候时间,就要讲求效率。

服务效率有三类:第一类是用工时定额来表示的固定服务效率,如打扫一间客房用0.5小时等。第二类是用时限来表示的服务效率,如总台登记入住每人不超过3分钟,客人衣服洗涤必须在若干时间内送回等。第三类是有时间概念,但没有明确的时限规定,是靠客人的感觉来衡量的服务效率,如设备坏了报修后多长时间来修理等,这一类服务效率在饭店是大量的。服务效率在客房服务中占有重要的位置,饭店要针对以上三类情况,用规程和具体的时间来确定效率标准。

(5)礼节礼貌。礼节礼貌是提高服务质量的重要条件。礼节礼貌是以一定的形式通过信息传输向对方表示尊重、谦虚、欢迎、友好等的一种方式。礼节偏重于礼仪,礼貌偏重于语言行动。礼节礼貌反映了一个饭店的精神文明和文化修养状况,体现了饭店员工对宾客的基本态度。饭店员工礼节礼貌的内容十分丰富,灵活性很大,主要表现在:仪表仪容即个人形象,态度,礼仪,服务方式,语言谈吐,行为动作。

(6)清洁卫生。客房的清洁卫生体现了饭店的管理水平,也是服务质量的重要内容。客房的清洁卫生工作要求高,必须认真对待。首先要制定严格的清洁卫生标准,岗位不同,接待内容不同,清洁卫生标准也有所不同;其次要制定明确的清洁卫生规程,具体规定设施、用品、个人卫生的卫生操作规程,并要健全检查保证制度。

2. 制定客房服务质量标准需考虑的因素

(1)设施设备的质量标准必须和饭店星级与档次相适应。星级越高,客房服务设施越完善,设备越豪华舒适。因此,客房服务设施标准要有不同的层次。

(2) 服务质量标准必须和产品价值相吻合。客房服务质量标准体现的是客房产品的价值含量的高低。与其他产品一样,客房产品也应该符合物有所值的要求,服务质量标准包括物资设备价值和人的劳动价值两部分。由于它关系到消费者和饭店双方各自的利益,标准应该定得准确合理。标准过高,饭店要亏本;标准过低,客人不满意,影响饭店声誉。

(3) 服务质量标准必须以客人需求为出发点。服务中包括的人的劳动质量体现在服务态度、服务技巧、礼节礼貌、清洁卫生等各个方面,评价其质量高低主要取决于客人的心理感受,因此,任何脱离客人需求的服务标准都是没有生命力的。

3. 客房服务质量保证体系的建立

根据客房服务质量标准的内容,应相应地建立服务质量保证体系。它应包括以下十个服务质量标准系列:

(1) 服务工作标准。主要指饭店为保证客房服务质量水平对服务工作所提出的具体要求。服务工作标准不对服务效果做出明确的要求,只对服务工作本身提出具体要求。例如:客房床单应每日换一次;大堂地面必须每天定时推尘。

(2) 服务程序标准。指将服务环节根据时间顺序进行有序排列,既要求做到服务工作的有序性,又要求保证服务内容的完整性。例如客房接待服务有四个环节,即客人到店前的准备工作,客人到店时的迎接工作,客人住店期间的服务工作,客人离店时的结束工作。其中,每个环节又可以进一步细分出很多具体的步骤和要求,如果这个程序中有一个环节或步骤出现问题,就会使客房服务质量受到很大影响。确定客房服务程序标准是保证服务质量的重要举措。

(3) 服务效率标准。指在对客服务中建立服务的时效标准,以保证客人得到快捷、有效的服务。例如:客房服务中心接到客人要求服务的电话,3分钟内要为客人提供服务;客人交付洗熨的衣物必须在24小时内交还给客人等。

(4) 服务设施用品标准。指饭店对客人直接使用的各种设施、用品的质量、数量做出严格的规定。设施、用品是饭店服务产品的硬件部分,其使用标准的高低直接影响客房产品质量水平的一致性,如果客房中使用的一次性牙刷和牙膏质量低劣,客人就往往会在使用这些劣质用品时对整体质量水平产生怀疑和不满。

(5) 服务状态标准。指饭店针对为客人所创造的环境状况、设施使用保养水平所提出的标准。例如:客房设施应保持完好无缺,所有电器可以正常使用,卫生间24小时供应热水,地毯无灰尘、无霉变。

(6) 服务态度标准。指对服务员提供面对面服务时所应表现出的态度和举止礼仪做出的规定。如服务员须实行站立服务,接待客人时应面带自然微笑,站立时不得前倾后靠、双手叉腰、抓头挖耳,当着客人面不得高声喧哗、吐痰、嚼口香糖等。

(7) 服务技能标准。指客房服务员所应具备的服务素质和应达到的服务操作水平。包括饭店各个不同岗位的服务人员应达到的服务等级水平和语言能力,服务人员所应具有的服务经验和所应掌握的服务知识,特定岗位上服务人员能够熟练运用的操作技能等,如一名客房清扫员应在30分钟左右完成一间标准客房的清洁工作。

(8)服务语言标准。指饭店规定的待客服务中所必须使用的标准化语言。饭店在欢迎、欢送、问候、致谢、道歉等各种场合下要求员工使用标准语言,如规定服务中使用敬语"对不起"、"谢谢"、"没关系"等;同时,饭店也应明确规定服务忌语,如在任何时候都不能回答客人说"不知道"。使用标准化语言可以提高服务质量,确保服务语言的准确性。

(9)服务规范标准。指饭店对各类客人提供服务所应达到的礼遇标准。例如:规定对入住若干次以上的常客提供服务时必须称呼客人姓名;对入住豪华套房的客人提供印有客人烫金姓名的信纸信封;在VIP客人的房间要放置鲜花、果篮。

(10)服务质量检查和事故处理标准。这个标准是对前述服务规范标准的贯彻执行,也是饭店服务质量的必要构成。发生服务质量事故,饭店一方面要有对员工的处罚标准,另一方面也要有事故处理的程序和对客补偿、挽回影响的具体措施。

4. 客房服务质量的检查

客房服务质量的检查是管理工作的重要环节。它包括工作数量检查、工作质量检查和物品消耗检查三方面的内容。检查工作一般采取服务人员自查、领班专职检查、主管抽查和经理抽查的方式进行。

搞好客房原始记录管理,也是控制服务质量的一项有效措施。客房部的原始记录,就是用一定的报表形式和文字说明将客房部在接待服务过程中发生的具体事实进行记录。这种记录具有经常性、广泛性和真实性,对管理人员掌握接待服务情况、提高客房管理水平有重要作用。

(五)客房服务工作的协调

在客房接待服务过程中,总会发生一些矛盾和问题,这就需要客房管理人员做好协调工作。客房部的协调分内部协调和外部协调两方面。内部协调是指协调客房部内部各岗位、各环节之间的关系,在完成客房接待任务的目标下,分清轻重缓急,协调一致,配合默契。外部协调指协调与饭店其他部门之间的关系,保证物资供应、设备保障、工具修理等环节畅通,为优质服务创造必要条件。

☞ 案例

客房服务质量量化标准

五星级的汕头金海湾大酒店通过强化服务的时间观念来提高服务质量,推出了充分体现服务效率的"十二快"。其中,涉及客房服务的有:

1. 接听电话快。铃响两声内接听电话。
2. 客房传呼快。2分钟内完成。楼层服务员配BP机,凡向客房服务中心提出的任何要求,服务员必须在2分钟内送到客房,如送开水、茶叶等。有些在2分钟内提供不了的服务,服务员也必须在2分钟内到达客房向客人打招呼,然后尽快解决。
3. 客房报修快。5分钟内处理好小问题。如更换灯泡、保险丝、垫圈以及设施设备运转中的各种操作性问题等。这就要求酒店设有24小时分班值岗的"万能工",粗通水、暖、电、木、钳等各个工种。对于重大问题,一时不能解决的,也要安慰客人,并给予明确回复。
4. 客房送餐快。10分钟内完成。酒店规定,员工电梯必须首先保证送餐服务,即使有员工想去低于送餐的楼层,也必须等送餐完毕后再返下。
5. 回答问讯快。为此,酒店要就客人常常问到的问题,对员工进行全员培训。
6. 投诉处理快。10分钟内完成。小问题,10分钟内圆满解决;大问题,先安慰客人,稳住客人,10分钟内给予回复。

第四节　客房的安全保卫工作

一、客房安全的意义

客房部不仅要以干净舒适的环境和服务人员热情好客的态度、娴熟的服务技巧来满足宾客的各种需求,使其乘兴而来,满意而归,而且还要极其重视宾客的一个最基本需求——安全。饭店宾客同其他任何人一样,需要安全,需要受保护,使其免遭人身及财产的损害。这种安全需求对于在旅途之中,身处异国他乡的宾客来说尤为突出。因此,作为宾客家外之"家"的饭店客房必须是一个安全的场所,饭店有义务和有责任为宾客提供安全和保护。安全是饭店各项服务活动的基础,只有在安全的环境内,各种服务活动才能得以开展,并确保其质量。

二、客房安全工作的基本环节

客房的安全管理意义大、范围广、要求高,要做好这项工作,必须抓住重点。一般来说,客房安全管理主要应抓好三个基本环节。

(一)消防工作

消防工作主要包括火灾的预防和警报、火灾事故的处理。饭店应贯彻"消防为主、防消结合"的方针,切实采取有效措施,以达到"消除火灾、控制火警、确保安全"的目标。

1. 坚持依法管理,制定消防管理制度

现代化的消防管理是以健全的法规为主要标志的。目前,我国的消防法规大体可分为三类:一是消防基本法规,它是国家消防工作总的指导准则。二是消防行政法规,它是消防基本法规的补充和具体化。三是消防技术法规,它是用以调整消防技术领域中人与自然科学技术关系的准则和标准。饭店的消防工作必须遵循国家消防法规,并制定相应的规章制度,使饭店消防工作做到有法可依、有章可循。

2. 制定防火工作措施,从制度上预防火灾事故的发生

饭店引起火灾的原因众多,但以吸烟、使用明火不当、电器设备走火居多。所以,饭店要做好消防工作,必须制定严格的消防措施。其中包括使用明火规定,电器设备的安装、检修规定,客房安全管理制度,等等,以确保消防工作有标准、有依据。

(1)配备必要的消防设施

为有效地做好防火工作,饭店必须配备如灭火器、防火器、排烟装置、烟雾与温感报警装置、自动喷淋装置、消防专用电梯等消防设施和器材,并应定期进行检查和启动,保证消防设施和器材的完好。

(2)发动群众,及时消除火灾苗头和隐患

饭店发生火灾事故,往往是由于没有及时发现、排除事故苗头和隐患而引起的。这些事故苗头和隐患大多发生在客房等部门或公共场所,因此,只有发动全体员工提高警惕,及时发现和处理各种事故苗头和隐患,才能预防火灾事故。

(二)治安管理

治安管理是饭店为防盗窃、防破坏、防流氓活动、防治安与灾害事故进行的一系列管理活动。其目的是为了保障客人、饭店和员工的财产不受损失,客人及员工的人身不受伤害。饭店的治安管理,既要参照国外先进饭店的管理经验,遵循国际惯例,又不能有违我国的治安管理条例,真正把治安管理和优质服务有机地结合起来,达到内紧外松、确保安全的目标。

1. 配备必要的设施

为了有效防止失窃、凶杀等案件的发生,饭店除了增强全员安全意识外,需要注意配备必要的防盗、防暴设施,如闭门锁、门窥镜、防盗扣(链)、防盗报警装置、闭路电视监控系统、电子门锁系统。

2. 加强对客人的管理

如前所述,饭店作为公共场所,人员流动大,构成复杂,往往是犯罪分子作案的理想目标和隐藏匿居的地点。所以,必须加强对客人的治安管理。

第一,制定具体的宾客须知,如住宿须知等,明确告知客人应尽的义务和注意事项。

第二,加强入住登记工作,严格执行公安部门的凭有效身份证登记入住的规

定,并且要做好验证工作和制定客人领用钥匙的规定。

第三,建立和健全来访客人的管理制度。应明确规定来访客人的离店时间,严格控制无关人员进入楼层。

第四,加强巡逻检查,发现可疑和异常情况及时处理。

3. 建立财物管理制度

为了使客人和饭店的财物不受损失,饭店必须建立和健全贵重物品保管及保险箱的管理制度、行李寄存及各种物品存放和领用制度等。

4. 突发事件的处理

一家饭店纵然防范很严,也难免会出现一些诸如打架、卖淫、盗窃等违法犯罪活动。所以,饭店除加强预防外,还必须制定处理突发事件的有关规定,如报警、现场保护、急救、事故档案等,以便把损失降到最低程度,并为破案创造有利的条件。

(三)劳动保护

劳动保护就是为保障员工劳动过程中的安全与健康所采用的各种技术措施的总称。搞好劳动保护,关键应抓好以下四项工作:

1. 坚持安全生产,防治工伤事故

通常,人们往往会不假思索地认为,在饭店工作,特别是客房工作,是安全的。但事实并非如此。如不注意安全、违反操作规程、漫不经心,就极易发生工伤事故。所以,要防止工伤事故,就必须坚持安全生产。

2. 改善劳动环境,预防职业疾病

饭店劳动环境的好坏,不仅影响到员工的工作热情和工作效率,而且也关系到员工的身心健康。如果一名员工长期在嘈杂、阴暗、潮湿、高温等环境下工作,将会导致一些职业病的发生。如洗衣房等场地的环境应引起足够的注意。另外,还要注意对员工进行定期健康检查,建立健康档案。

3. 实行劳逸结合

实行劳逸结合,就是既要为社会主义多做贡献,又要保证员工的休息娱乐。为此,饭店必须合理组织劳动,安排好工作人员的休息娱乐,尽量避免加班加点,以保证员工有足够的休息时间。同时,还要注意组织各种文体活动,增强员工的体质。

4. 注意保护和保障女工的健康

女员工由于生理特点,如经、孕、产、哺乳期,比男员工更易疲劳和患病。所以,为了保护女员工和下一代的健康,饭店必须对女工实行必要的特殊政策。

三、客房安保工作的具体内容

(一)消防计划制订

1. 消防安全告示

消防安全告示应在客人一入店时就进行。从法律上来说,游客从登记入住时

起,就是饭店的客人了,饭店对客人的安全都负有法律上的责任。所以,从客人一入店就应当告诉客人防火安全知识和火灾逃生的办法。有的饭店在客人入店登记时发给一张住宿卡,在住宿卡上除了注明饭店的服务设施和项目外,还注明防火注意事项,印出饭店的简图,并标明饭店的紧急出口。

客房是客人休息暂住的地方。客人在住店期间待得最长的是在客房。饭店应当利用客房告诉客人有关消防的问题。在房门背后安置饭店的《火灾紧急疏散示意图》,在图上把房间的位置及最近的疏散路线用醒目的颜色标在上面,可以使客人在紧急情况下安全撤离。在房间的写字台上应放置"安全告示",或放有一本《万一发生火灾时》的小册子,比较详细地介绍饭店的消防情况,以及在发生火灾时该怎么办。有的饭店还专门开辟一个闭路电视频道,播放饭店的服务项目、安全知识和防火及疏散知识。

2. 火灾报警

在饭店一旦发生火灾时,比较正确的做法是先报警。饭店应当使每一名职工明白,在一般情况下应当首先报警。有关人员在接到火灾报警后,应当立即抵达现场,组织扑救,并视火情通知公安消防队。是否通知消防队,应当由饭店主管消防的领导来决定。有些比较小的火情,饭店是能够在短时间内组织人员扑灭的。如果火情较大,就一定要通知消防部门。饭店应把报警分为两级。一级报警是在饭店发生火警时,只是向消防中心报警,其他场所听不到铃声,这样不会造成整个饭店的紧张气氛。二级报警是在消防中心确认店内已发生了火灾的情况下,才向全饭店报警。

3. 火灾发生时应采取的行动

每个饭店应按照本饭店的布局和规模设计出一套方案,使各部门和职工都知道万一发生火灾时,店内所有员工要坚守岗位,保持冷静,切不可惊慌失措,到处乱跑,要按照平时规定的程序做出相应的反应。所有的人员无紧急情况不可使用电话,以保证电话线路的畅通,便于饭店管理层下达命令。

(二) 客人安全控制

饭店对其客人的安全负有特殊的责任,即在合理的范围之内,使他们免遭人身的伤害,保护他们财物的安全。

饭店如何保证客人安全在一定程度上取决于饭店的设计、布局、所处地址、经营方式、客人种类等许多因素。但是,有一些通常伤害客人的犯罪形式及一些特别能引起犯罪活动动机的地方,是制订客人安全计划时必须特别注意的。

1. 入口控制

经营性的饭店的大门是向社会敞开的,欢迎客人来住宿、会客、开会等。在日常频繁进出的人流中,难免有图谋不轨分子或犯罪分子混杂其间。大门入口的安全措施应包括：

(1)饭店不宜有多处入口处，应把入口限制在控制的大门。这种控制是指有安全门卫或闭路电视监视设备控制。在夜间，只应使用一个入口处。

(2)饭店大门的门卫既是迎宾员，又应是安全员。应对门卫进行安全方面的训练，使他们能用眼光观察、识别可疑分子及可疑的活动。另外，对饭店大门及门厅里的各种活动要进行监视。如发现可疑人物或活动，则及时通过现代化通信设备与保安部联络，以便采取进一步的监视行动，制止可能发生的犯罪或其他不良行为。

(3)有条件的话，在大门入口处安装闭路电视监视器(摄像头)，对入口处进行无障碍监视。由专职人员在安全监控室进行24小时不间断的监视。监视人员与门卫及在入口处巡视的安保人员组成一个无形、有效的监视网，保证大门入口处的安全。

2. 电梯控制

在大多数饭店，尤其是高层建筑的饭店中，电梯是到达客房的主要通道。要确保客房层的安全，必须对电梯严格加以控制。在大厅的电梯口，可设一服务岗位。由服务员招呼、迎送上下的客人并协助客人合理安排电梯上下，尽快疏散人流。这一岗位上的服务员同样应接受过安全训练，学会发现、识别可疑人物，当有可疑人物进入客房层时，应与在客房层巡视的安保部人员联络，对进入客房层的可疑人物进行监督。有闭路电视监视网的饭店，应在大厅电梯口(最好在各客房层的电梯口)装一摄像头，由安全监控室的专职人员对上下电梯的人员进行进一步监视或采取行动制止不良或犯罪行为。

3. 客房走道安全

派遣安保部人员在客房走道里巡视应是安保部的一项日常、例行的活动。在巡视中应注意在走道上徘徊的外来的陌生人及不应该进入客房层或客房的饭店职工；也应注意客房的门是否关上及锁好，如发现某客房的门虚掩，安保人员可直接进入客房检查是否有不正常的现象。即使情况正常，纯属客人疏忽，事后也应由安保部发一通知，提请客人注意离房时锁门。

但是，单靠安保部人员巡视来保证客房走道的安全是远远不够的。因为巡视的安保人员为数少，客房层面积大，因此，有很大的局限性。饭店安全计划应明确要求凡进入客房区域工作的饭店工作人员，如客房服务员、客房部主管及经理、客房用餐部人员等都应在其中发挥作用，随时注意可疑人及不正常的情况，并及时向安保部门报告。当然，装备有闭路电视监视系统的饭店，在每个楼层上都装有摄像头，这也能很好地协助对客房走道的监视及控制。饭店还应注意保持客房层走道的照明正常及地毯铺设平坦，以保证客人及职工行走的安全。

4. 客房安全

客房是客人暂居的主要场所、客人财物的存放处，所以客房的安全是至关重要的,也是饭店安全计划的主要内容。饭店应从客房设备的配备及有关部门的工作程序设计这两方面来保证客人的人身及财物安全。

(1)为防止外来的侵扰,客房门上的安全装置是必要的,其中包括能双锁的锁装置、安全链及广角的窥视警眼(无遮挡视角不低于160°)。除正门之外,其他能进入客房的入口处都有上闩或上锁。这些入口处有:阳台门、与邻房相通的门等。

(2)客房内的各种电气设备都应保证安全。卫生间的地面及浴缸都应有防止客人滑倒的用品。客房内的茶具及卫生间内提供的漱口杯及水杯、恭桶等都应及时、切实消毒。如卫生间的自来水未达到直接饮用的标准,应在水龙头上标上"非饮用水"的标记。平时还应定期检查家具的牢固程度,尤其是床与椅子,使客人免受伤害。

(3)在客房桌上还应展示有关安全问题的告示或须知,告诉客人如何安全使用客房内的设备与装置,出现紧急情况时所用的联络电话号码及应采取的行动。告示或须知还应提醒客人,注意不要无所顾忌地将房号告诉其他客人和任何陌生人;应注意有不良分子假冒饭店职工进入客房。

(4)饭店内有关部门的职工应遵循有关的程序保证客房的安全。客房清扫员在清扫客房时必须是把门开着,并注意不能将客房钥匙随意丢在清洁车上。在清扫工作中,还应检查客房里的各种安全装置如门锁、门链、警眼等。如有损坏,及时报告安保部。引领客人进房的行李员应向客人介绍安全装置的使用,并提请客人阅读在桌上展示的有关安全的告示或须知。饭店员工不应将登记入住的客人情况向外人泄露,如有不明身份的人来电话询问某位客人的房号时,电话员可将电话接至该客人的房间,绝不可将房号告诉对方。总服务台人员在接待访客时,也应遵循为住店客人保密的原则。

5. 客房门锁与钥匙控制

客房门锁是保护客人人身及财产安全的一个关键。坚固和安全的门锁以及严格的钥匙控制是客人安全的一个重要保障。

钥匙丢失、被随意发放和私自复制或被偷盗等都会给饭店带来严重的安全问题及损失。饭店管理机构应设计出结合饭店实际情况的客房钥匙发放、保管及控制的程序,以保证客人人身及财物的安全。一般来说,这个程序包括以下的内容:

(1)总服务台是发放与保管客房钥匙的地方。当一个客人完成登记入住手续后,就发给客人该房间的钥匙,客人能在居住期内自己保管这把钥匙,或外出时将钥匙交还给服务台,待回房时再领取。

(2)客人到总服务台领取钥匙时,应出示住宿卡表明自己的身份。总服务台人员核对其身份后方能发给。

(3)在客人办理离店手续时,前厅的工作人员应抓紧每一个合适的机会提醒客人将钥匙归还。如在客人结账、领取行李时，或走出饭店大门时，前厅各部门的工作人员都可以礼貌地询问，提醒客人不要把客房钥匙带走。

（4）工作人员，尤其是客房服务员所掌握的客房钥匙不能随意丢放在工作车上或插在正在打扫的客房门锁上，应要求他们将客房钥匙随身携带。客房服务员在楼层工作时，如遇自称忘记带钥匙的客人要求代为打开房门时，绝不能随意为其打开房门。

（5）防止掌握客房钥匙的工作人员图谋不轨。区域客房通用钥匙通常由客房服务员掌管，每天上班时发给相应的客房服务员，完成工作后收回。客房部每日记录下钥匙发放及使用的情况，如领用人、发放人、发放及归还时间等，并由领用人签字。还应要求服务员在工作记录表上记录下进入与退出每个房间的具体时间。

（6）目前，绝大多数三星级以上的酒店均采用了磁卡门锁系统。总台在为客人办理登记手续时均会为客人制作一张磁卡钥匙，每张磁卡都有一个相应的开启房门的密码。如果客人不慎丢失磁卡钥匙，只要到总台重新制作一张即可，前一张磁卡密码会自动失效，这就大大提高了客房的安全性。不过，对于客房清扫中使用的通用磁卡钥匙同样要建立严格的发放回收制度。

6. 旅客财物安全保管箱

按照我国的有关法律规定，饭店必须设置旅客财物保管箱，并要建立一套登记、领取和交接制度。客房虽有门锁及其他保安措施，但它不是绝对安全的。国外有的法律或地方法规规定，如饭店不能提供旅客财物安全保管箱而导致客人在客房内丢失贵重物品，将被追究责任，并被责成赔偿客人损失。

饭店财物安全保管箱应放置在使用方便、易于控制的场所。未经许可的人，不管是旅客还是员工均不得入内。旅客财物安全保管箱一般设在总服务台后边的区域。在使用安全保管箱时，应只能允许一位客人进入，使得客人能放心地把贵重物品存入安全保管箱。

为了保证客人贵重物品保管的安全，按照国际惯例，安全保管箱客人所使用的钥匙只配制一把，如果客人把钥匙丢失或不能交回钥匙，本人将交付打开保管箱的一切费用。所付的费用应在《安全保管箱使用单》上注明。

7. 客人伤病处理

饭店应有各种措施预防病人受伤病之害。一旦客人受伤或生病，饭店应有紧急处理的办法及能胜任抢救的人员。

（1）如饭店无专门的医疗室及专业的医护人员，则应选择合适的员工接受急救的专业训练，并配备各种急救的设备器材及药品。

（2）如发现伤病客人，应一方面在现场急救，另一方面迅速安排病人就近入院。

（3）对客人伤病事件，应有详细的原始记录，必要时据此写出伤病事件的报告。

（三）员工安全控制

对饭店来说，它有法律上的义务及道义上的责任来保障在工作岗位上的员工安全。因饭店忽视员工安全，未采取各种保护手段及预防措施而引起或产生的员工安全事故，饭店负有不可推卸的责任，甚至将受到法律追究。另外，从员工的角度来看，员工如同客人一样，需要有人类共同渴望的安全感，希望得到保护，使自身及财物免遭伤害。如无此项基本保障，很难设想要求员工做好本职工作，保证服务质量，提高工作效率。

因此，员工安全也是客房安全管理的组成部分。在制订职工安全计划时，应从员工安全的角度出发，审视饭店整个运转过程，结合各个工作岗位的工作特点，提出员工安全标准及各种保护手段和预防措施。

1. 劳动保护措施

（1）各个工作岗位都要制定安全操作标准。饭店前台服务工种基本上以手工操作为主，如前厅行李员、客房清洁服务员等。应根据各个岗位的工作要求、服务对象、服务程序，制定出安全工作的标准。随着各种工具、器械、设备应用的增多，应制定安全使用及操作这些工具、器械、设备的标准。

（2）在技术培训中包括安全工作、安全操作的训练。饭店培训部及其他各部门组织员工培训时，应将安全工作及操作列入培训的内容。在学习及熟练掌握各工作岗位所需的技能、技巧的同时，培养员工"安全第一"的观念，养成良好的安全工作及安全操作的习惯，并使员工掌握必要的安全操作的知识及技能。

（3）定期检查及维修工具与设备。对员工使用的工具与设备，制定定期检查及维修的制度。工程设备部应严格按照安全标准，进行检查及维修，确保员工使用的安全。

小资料

客房安全工作注意事项

不让碎玻璃片掉入织物用品	注意包裹住的碎玻璃	将碎玻璃与金属废物放入恰当的容器内
将碎玻璃倒入专用的垃圾桶	从桶内往外扒垃圾要戴手套，以免垃圾里有碎玻璃或剃须刀片	拿着带尖头的物品时，将尖头朝下，别对着自己
烟灰都要倒入抽水马桶，不要倒入废物桶内	绝不在电梯内抽烟	将烟缸置于梳妆台而不放在床边，以免使客人产生在床上吸烟的念头
及时将剃须刀内脏物倒净	不将客房服务用托盘留在宾客走道上	在走廊上靠右行走
工作中使用正确的清洁设备	绝不使用椅子或箱子代替梯子	走道上不能有电线

续表

迅速去除易绊脚与滑跌的险情	上下楼梯使用扶手	将有问题的电线、插头、插座及未予检查的电器情况立即向主管报告
任何电器接入电前须检查电线与插座是否完好,若发现破损或磨损、或发生冒火星的情况,别硬把它接入电源,将该电器退回电器商店要求更换	跪下前查看地毯或地砖上有无碎玻璃,若发现碎玻璃,先用扫帚扫去,再使用手提吸尘器清洁。处理碎玻璃要戴手套	发现宾客抽烟不慎的情况要及时报告,如烧坏了地毯或床单、地面上有熄灭的火柴梗等
小车进出电梯间要小心电梯内不要超载	不将床罩堆在地上	知晓处理宾客受伤与生病的程序
在公共区域与行李房放置行李时要小心谨慎	提拿行李要力所能及,不要一次提太多	捡起楼梯或地面上不该有的异物
等驶入的小汽车在界石边停下后再给予开门	确保客人的手与脚脱离车门后再关上车门	知道轮椅与担架放置的地方

2. 员工的个人财物安全

(1)在员工进出口处,由安保人员值勤,防止外来不良分子流窜进入,并检查带出饭店的物品。

(2)为上班的员工提供个人衣物储藏箱,储藏箱一般设在更衣室内。

3. 保护员工免遭外来的侵袭

在各岗位服务的工作人员,可能遭到行为不轨或蛮不讲理的客人侵扰。如男服务员可能遭到殴打,女服务员可能受到调戏等。一旦发生这种情况,在场的工作人员应及时上前协助受侵袭的服务员撤离现场,免遭进一步的攻击,并尽快通知安保部人员迅速赶到现场,酌情处理。另外,还应给上夜班、下晚班的员工安排交通工具回家,或安排住宿过夜,免遭不测。

(四)饭店财产安全控制

客房是拥有大量财产及物品的部门,这些财产及物品为饭店的正常运行、服务及客人享受提供良好的物质基础。它们每天由饭店的职工、客人及其他外来者接触和使用。对这些财产及物品的任何偷盗及滥用都意味着饭店的损失。因此,财产安全计划中应包括周密制定的控制方法和措施,以保证饭店的财产免遭损失。

1. 防止员工偷盗行为

饭店员工在日常工作及服务过程中直接接触饭店的各种财产与物品,因此,有更多的机会滥用或糟蹋这些财产与物品。再加上饭店的许多财产与物品有供个人、家庭使用或再次出售的价值,这很容易诱使饭店的职工进行偷盗。

在防止员工偷盗行为时,应考虑的一个基本问题是员工的素质与道德水准。这就要求在录用员工时严格把好关,进店后进行经常性的教育并有严格的奖惩措施。奖惩措施应在员工守则中载明并照章严格实施。对有诚实表现的员工进行各种形式的奖励及鼓励;反之,对有不诚实行为及偷盗行为的职工视情节轻重进行处理,直至开除出店。思想教育和奖惩手段是相辅相成的,只要切实执行,是十分有效的。

另外,还应通过各种措施,尽量限制及缩小员工进行偷盗的机会及可能。如:

(1)员工上班必须穿上工作制服,戴上名牌,便于安全人员识别。

(2)在员工上下班进出口,由安全人员值班,检查及控制职工携带进出的物品。

(3)完善员工领用物品的手续,并严格照章办事。

(4)严格控制仓库的储存物资,定期检查及盘点物资数量。

2. 防止客人偷盗行为

客人偷盗的对象往往是客房内的物品,如手巾、浴巾、房间用餐的餐具及其他有使用价值或纪念意义的物品。在这方面可采取的措施有:

(1)将这些有可能成为客人偷盗目标的物品,印上或打上饭店的特殊记号,使客人打消偷盗的念头。

(2)有些引起客人兴趣,想留作纪念的物品,可供出售。这点可在《旅客须知》中说明。

(3)客房服务员日常打扫房间时,对房内的物品加以检查;在客人离开房间后对房间的设备及物品进行检查。如发现有物品被偷盗或设备被损坏,应立即报告。

3. 防止外来人员的偷盗行为

(1)加强入口控制、楼层走道控制及其他公共场所的控制,防止外来分子窜入作案。

(2)饭店不应在没有安全措施的情况下,将有价值物品放置在公共场所。

(3)外来的办事人员、送货人员、修理人员等只能使用职工入口处,并必须经安全值班人员问明情况后才能放行进入。这些人员在完成任务后,也必须经职工出口处离店。安保人员应注意他们是否携带饭店的物品出店。

 本章小结

1.选择客房对客服务模式是做好客房服务工作的前提。一个好的客房服务模式应是既体现饭店的经营特色,又能受到大多数客人的欢迎。

2.确定设立哪些服务项目,提供哪些具体的服务内容,要在分析客人需求的前提下,并结合饭店自身星级档次的情况做出决定,即把握适合和适度两大原则。

3.客房服务质量水平反映了饭店的质量水平,在设计服务质量标准时要综合考虑相关因素,运用科学合理的方法保证客房服务质量的稳定性。

4.安全是客人选择饭店的决定性因素。在客房的经营管理中,任何管理人员和服务人员有义务和责任为宾客提供一个安全的住宿环境,这是饭店开展各项服务活动的基础。同时,对酒店管理方而言,为员工创造一个安全的工作环境应是一件常抓不懈的重要工作。

 思考与练习

1. 如何理解客房服务项目设立的两大原则?
2. 客房服务模式有哪两种形式?各有什么优缺点?
3. 客人住店期间的服务工作主要有哪些?提供服务时应注意哪些事项?
4. 商务客人对客房服务的基本需求有哪些?
5. 度假客人对客房服务的基本需求有哪些?
6. 个性服务的含义和内容是什么?
7. 客房服务工作管理的内容有哪些?
8. 客房接待服务规程的设计包括哪些内容?
9. 客房服务人员配备按怎样的步骤进行?
10. 确定员工劳动定额需要考虑哪些因素?
11. 客房服务质量保证体系包括哪些内容?
12. 客房安全工作的内容及要求有哪些?客房安全工作有何意义?

第四章　客房与公共区域的清洁保养

课前导读

酒店客房的清洁卫生是构成客房商品质量的重要组成部分,同时,清洁卫生也是客人选择一家酒店时首要的考虑因素。因此,做好客房的清洁卫生工作具有极其重要的意义。清洁卫生工作的管理是客房部管理工作的永恒主题,值得每个管理者高度重视。客房的清洁卫生工作主要包括了客房的日常清扫工作、客房的计划卫生工作和整个酒店公共区域的清洁保养工作等几方面的内容。

教学目标

- 领会清洁保养的原理
- 理解饭店公共区域清洁保养工作的重要性
- 了解公共区域清洁保养的工作内容
- 掌握公共区域清洁保养的技巧及工作流程
- 掌握客房清洁保养的方法和技巧

第一节　清洁保养原理

清洁保养客房和饭店的工作区域是客房部的一项主要任务。清洁卫生是宾客选择一家饭店的重要依据,也是体现客房服务质量的主要特征之一。清洁保养工作的好坏直接影响着饭店的形象、气氛以及经济效益。

一、清洁保养特性

清洁的概念不仅是干净,它还应具有更深的内涵。世界权威的卫生组织之一——国际清洁卫生用品商联合会(ISSA)用一个英文单词 SHAPE 来概括清洁的特性,每个字母代表了一种特性。

S：Safety　　安全，即清洁能带来安全卫生。

H：Health　　健康，即清洁能带来健康。

A：Appearance　　外观，即清洁代表了外貌美观，如建筑物表面。

P：Protection　　保护，即清洁能给建筑物或设施设备以保护，同时清洁有利于环保。

E：Economic　　经济实用，即清洁能减少浪费，降低成本消耗。

二、脏污的表现形式

清洁保养工作之所以成为必要，是因为脏污的存在。脏污的表现形式主要有以下几种：

(1) 灰尘。这可以认为是"脏"的初级阶段。灰尘可悬浮于空气之中，并逐渐停留在暴露于空气中的所有物体表面。

灰尘一般包括下列的一部分或全部，如灰尘、毛发、绒毛、肤屑、细菌和沙砾等。沙砾比大多数灰尘分子要重，对地板表面可造成相当损坏。

灰尘如不及时清洁，不仅可使空气混浊，物体表面显得灰暗和粗糙，而且能产生霉味，这会使害虫滋生，如蛾、老鼠、昆虫等。灰尘一般只需用吸尘器、拖把和抹布清洁即可。

(2) 污垢。灰尘附着于物体表面后遇水分或油脂即可成为黏着的污垢。这时的清洁工作就比较麻烦了，一般要用抹布、拖把、百洁布、刷子、清洁机器加上水或清洁剂才可有效。

(3) 渍迹。渍迹是一种褪色，经常是由于不小心而沾染了蛋白质、酸、碱、染料，或是在某种场合中偶然或粗心大意使用热力所致。渍迹与污垢不同，污垢经过一系列的清洁可以除掉。而旧的渍迹一般很难去除，但如能确定是新的污渍，使用下列方法就有可能除掉：粉末（吸收），溶解（溶化），使用酸或碱性去污剂。

(4) 锈蚀变色。这是由于一种金属与水中、食品中或空气中的物质发生化学反应而造成的。这种变色要看是由何种金属引起，如铁锈（棕色）、铜锈（绿色），银、金和铝等的暗变等，如不经常除掉，金属最终会被腐蚀。酸是最有效的变色去除剂，它常与摩擦清洁剂一起使用。热的苏打或矾溶液也可解决变色问题。但这些方法都不能产生闪光的表面，所以清洁后要抛光。为了不变色，金属可以用电镀、搪瓷、油漆来保护，或是包以铬、尼龙、塑料或涂料。

三、清洁保养的概念

顾名思义，清洁保养含有两个方面的内容，一为清洁，即去除尘土、油垢和污渍，二是保养，即保护调养使之保持正常状态。从概念上看，清洁和保养是两回事。

比如对硬质地面补蜡、拖尘和湿拖均是保养地面的工作,但当蜡面变黄或有污渍,要用起蜡水起蜡时便是清洁工作。又如每天清洁浴缸、恭桶等是保养工作,而对恭桶起盐渍或浴缸起肥皂渍的时候便是清洁工作。

若保养工作做得好,便可将需要清洁的周期延长,这无疑在经济上是合算的。在清洁保养工作中应多做"保养"而少做"清洁",因为凡是有一点浓度的清洁剂都会多少损害建筑物和装饰品。

四、清洁保养的意义

有效的清洁保养工作使饭店看上去显得舒适、高雅、富有魅力,它是一家饭店兴旺发达的标志;它满足了客人对饭店最基本和最迫切的要求,因而能使客人觉得物有所值并对饭店产生好感;它能创造整洁卫生的环境,使得员工心情愉快,精神振奋,从而使工作面貌焕然一新;它能延长饭店建筑、设备、用品的使用寿命;此外,现代化的清洁保养工作使得劳动强度降低,速度加快,质量提高,其效益不可低估。

第二节　客房的清洁整理

客房属于住客的私人场所,因而客人对客房的要求往往比较高。虽然客人在跨入饭店的同时已经形成对饭店的第一印象,但当他来到属于自己的空间——客房时,这之前的所有印象马上被客房里的一切所代替。因此,客房是饭店的心脏。除非客房的装修完好、空气清新、家具设施一应俱全,否则你将无法让客人再次光临。

一、客房清洁整理标准的制定

(一)客房服务标准化的内容

客房服务工作要有一个明确的标准,这个标准是做好服务工作的依据。服务质量标准化、服务方法规范化、服务过程程序化均属于标准化范畴,是标准化管理的主要内容。

1. 服务质量标准化

服务质量标准化是就饭店服务工作制定和实施明确的服务标准的过程。实行质量标准化,能使客房的清扫和其他服务工作以及每个服务员都有了明确的目标。客房的质量标准化主要包括两个方面:

(1)标准摆件。标准摆件是明确规定摆件的顺序、位置、方向、件数与种类。例如,客房卫生间"五巾"的数量及摆设规格。

(2)标准分量。标准分量是指明确规定每种用品或实物的数量定额。例如,标准间规定的壁柜中的衣架数量定额。

2. 服务方法规范化

服务质量标准是服务工作应该达到的目标。怎样才能达到这一目标呢？当然必须有一个科学的、切实可行的方法。服务方法规范化是指大家按照饭店明文规定的服务标准的方法进行服务工作。例如，客房清洁整理所规定的从上到下、从里到外的清扫规范。规范化的服务不但可以提高服务的质量，而且也便于检查和管理，避免差错和不必要的体力消耗。

3. 服务过程程序化

为了达到某项服务的质量标准，不但要有保证服务质量的一套方法，还要在服务过程中有一套严格的程序。程序的实质就是对所要进行的行动规定先后次序。服务过程的程序化是指大家按照规定的合理的次序进行服务的过程。客房的每一项工作，无论是直接服务或是间接服务，如果都按照规定的程序进行，服务质量就能得到基本的保证。

（二）客房标准化的意义

标准化的管理方法着眼于对饭店职工的动作、行为及其劳动成果规定科学的统一要求，从而提高饭店的服务质量，实现饭店的目标。客房部清洁卫生质量标准的制定和实施，意味着客房部的工作在优质服务的高水平上达到统一。它的意义在于：

（1）在客房的管理和服务工作中建立了最佳秩序，使客房部的工作做到事前指导有标准，事故差错可防患于未然，以争取最佳效果；事后检查有依据，便于纠正偏差，提高工作质量。

（2）有利于提高服务人员的素质和服务能力，使其有章可循，明白应该怎样干。

（3）便于管理，避免浪费。

（4）减少客人因服务质量不稳定而引起的投诉，提高客房以及饭店的信誉。

（三）制定标准的原则

1. 饭店的经营方针和市场行情

饭店的档次和星级的高低，主要反映的是不同层次的客源的不同要求，标志着建筑、装潢、设施设备、服务项目、服务水平与这种需求的一致性和所有住店客人的满意程度。饭店的档次和星级不同，其服务规格的高低和服务项目的多少必然有所区别。客房部在制定客房清洁整理标准和规格时，都应以饭店的经营方针和市场行情为依据。

2. 尽量少打扰客人

客房的清洁整理工作是客房部管理水平、人员素质等内容的综合体现。客房之所以成为客人休息、睡眠的区域，成为客人的"家外之家"，有两个条件：整洁，否则无法很好地生活;安全,否则无以称其为"家"。因此,客房部管理人员在制定有关客房清洁整理的程序和规范时,应将尽量少打扰客人作为一条重要的原则。

3."三方便"准则

所谓"三方便"准则,是指在制定有关标准和程序时,必须依照方便客人、方便操作和方便管理的准则来进行。

(1)方便客人

实行标准化管理的目的在于使客人获得满意的服务,使其有宾至如归的感受。宾至如归,就是要让客人在客房的起居生活,感到像在家里一样方便,且享受家里没有的气氛。因此客房的清洁整理标准,包括家具设备摆设的位置、用品的配备、各项服务标准都必须以此为出发点。脱离了客人的需求,单纯强调一切标准化,是没有任何意义的。标准化的管理要注意结合人的特点。客房服务的对象是人,因此,在客房的清洁整理工作中,既要按相应的规范提供服务,以保证服务的质量,同时又应根据客人的不同特点和要求,进行灵活机动的针对性服务。

(2)方便操作

节省时间,方便职工操作,减少不必要的体力消耗,提高工作效率,是制定标准应遵循的一个准则。因此,客房清洁标准应该简明、实用。如果清扫客房的操作程序和规范要求让职工感到费力难做,就失去了标准化管理的本来意义。

(3)方便管理

实行标准化的管理,在于减轻管理者的负担,便于贯彻管理意图,使客房服务工作有一个统一的质量标准。客房的清洁整理标准不是什么新东西,各个饭店都有,而且国内外不少饭店都有自己成功的经验。但这些标准是否都合理,是否都适合自己的饭店,是否都有利于提高工作效率,就不一定了。客房服务标准的制定和贯彻是管理的一种手段。因此,客房部的管理者,凡事都要有自己的管理思想,都必须根据自身的情况,包括客房设施设备的条件、清洁器具的配备和员工素质,甚至自己的管理风格等,来制定和实施符合自己饭店客房实际情况的标准,而不应照抄照搬别人的东西。

(四)制定标准应考虑的因素

1.进房次数

我国许多饭店传统的服务做法是每天三进房甚至四进房,这沿袭了宾馆接待的作风。现在,一些外资、合资饭店大多采用了二进房制(即白天的大清扫和晚间的夜床服务)。因为劳动成本的昂贵,在西方国家里甚至只有高于三星级的饭店才有二进房服务。

一般来说,进房次数适当的多表示服务规格较高,但必须注意,这样一来各方面的成本都将上升。所以,确定进房的次数要作全盘考虑,本饭店的档次、客源对象和营业成本应作为主要考虑因素。当然,不论规定进房几次,一旦客人需要整理客房,我们则应该尽量满足其要求。

2. 操作标准

操作标准一般在各项工作程序中予以说明。不少饭店将有关操作要领拍成照片并张贴出来以供参照,这确实是一种好办法。

3. 布置规格

各种类型的客房应设哪些客房用品、数量多少及如何摆放,这些大都应有图文说明,以确保规格一致、标准统一。通常,这些布置讲求美观、实用、简洁。否则,员工难做,且易出差错,客人也不一定都欣赏。

4. 整洁状况

一般来说,它含有两方面的内容:生化标准和视觉标准。前者往往由卫生防疫人员来做定期或临时抽样测试与检验,后者却要由饭店自己来把握。客人与员工、员工与员工的视觉标准都不尽一致。要掌握好这一标准,唯有多了解客人的要求,从中总结出规律性的东西。如:客人对于客房地面、窗户、床和卫生间的清洁、舒适最为看重,因而要求卫生间嗅不到异味、看不见污迹、摸不着灰尘,做床平挺、张弛有致,地毯要每天吸尘,窗户要定期擦洗。有些饭店还对客人散乱的衣物和桌上用品如何整理做出了一般性的规定。

为了坚持标准而又不致造成人力的浪费或时间的紧张,客房部往往在日常整理客房的基础上拟订一个周期清洁的计划,它也被称为"计划卫生"。这一计划要求在一定的时期内(两周或一个月),将所有客房中平时不易做到或做彻底的项目全部清扫一遍。其方法有两种:一种是每天做一定量的客房中所有的项目;另一种是每天完成所有客房中一定的项目。

总之,整洁与否要看我们能否把握客人的要求,因为最终的评判者是客人而不是服务人员,如果要为整洁状况划一个标准,那么它应该处于这样一个范围:从每一个客人都能接受到每一个客人都能满意。

5. 速度和定额

虽然员工的操作有快慢,但熟练者的平均速度(按一般标准房计)应达到:走客房30~40分钟,住客房15~20分钟,空房与夜床约5分钟。但是,在实际工作中常常会有例外,所以计算工作定额时要考虑到一些相关的因素。

(1)工作职责的要求。是专职从事客房的清洁整理,还是要兼做别的工作?别的工作约占多少时间?为此会对整理客房的效率影响多少?

(2)客房整洁的标准。标准高必然耗时多。

(3)每层楼的客房数。楼层客房的多少会对员工多做或少做客房产生影响,最好不要让员工跨楼层做清洁客房,否则应用别的方法来予以调节。

（4）工作区域的状况。客房面积大小、家具摆设繁简、外界环境影响等，都对工作量构成或大或小的影响。

（5）住店客人的特点。客人来自的地区、身份地位、生活习惯等都是影响清洁客房速度和定额的重要因素。有时，名义上相同的工作量实际上要相差很远。

（6）员工的熟练程度。经正规训练并形成良好工作习惯的员工都能完成正常的工作量。

（7）工作器具的配备。从清洁剂、手工用具到机器设备都将在一定程度上影响着工作的效率。

以上只是确定工作定额时需要考虑的一些基本因素，一旦定额标准制定出来，还要根据情况的变化而作适当的调整。

二、客房日常清洁整理的内容及工作程序

整理客房又称做房。它包括如下几个方面的工作内容：

（1）整理：即按规格和要求，整理和铺放客人使用过的床铺；整理客人使用过后放乱的各种用品、用具；整理客人乱放的个人衣物、用品。

（2）打扫除尘：用扫把扫清地面；用吸尘器吸去地毯、软座椅上的灰尘；用揩布揩擦门框、窗台、桌柜、灯罩、电视机等家具设备；倒掉烟灰缸中的烟灰、纸篓里的废物。

（3）擦洗卫生间：整理各种卫生用品及客人用具；倒去脏纸污物；擦洗卫生洁具（洗脸台、恭桶、浴缸）、镜面、水龙头；擦洗四周的瓷砖墙面及地面。

（4）更换及补充用品：在客房和卫生间的清洁整理过程中，按要求更换床单、床垫、枕套、面巾、手巾、浴巾、脚垫巾等棉织品；补充文具用品、火柴、卫生纸、肥皂、茶叶等供应品。

（5）检查设备：在客房和卫生间的整理过程中，检查灯具、水龙头、恭桶的抽水设备，以及电视机、音响设备、空调设备、电话机等设备是否能正常工作。同时，还应注意各种家具、用品是否被客人损坏等。

如果有住客，还要做好客房晚间服务，如倒烟灰、垃圾，整理用品、用具，做好夜床、拉上窗帘并打开床头灯等服务。

（一）清扫前的准备工作程序

（1）领取工作钥匙，并签名。

（2）决定清扫顺序。一般情况下的清扫顺序依次为挂"请速打扫"牌房间、VIP房间、住客房、走客房（退房）、空房。出租率高峰情况下的清扫顺序可以是走客房、挂"请速打扫"牌房间、VIP房间、住客房、空房。长住房要严格按照客人的要求按时进行清扫。

（3）准备工作车。按一个班次工作量所需供应品、备品数量布置工作车,按饭店规定布置充足,整齐。将布草袋挂在挂钩上,塑料清洁桶、胶皮手套、各类毛刷、百洁布等放在工作车最底层的一侧。将干净布草分类摆进车内,房间用品整齐摆放在上格。清洁剂挂在车头,准备干、湿抹布,搭在工作车扶手上。

（4）带好吸尘器。检查吸尘器的性能,蓄尘袋是否已倒尽。

（二）客房清扫的一般原则

（1）从上到下：例如,抹衣柜时应从衣柜上部抹起；擦洗卫生间和用抹布擦拭物品的灰尘时要从上到下。

（2）从里到外：地毯吸尘,必须先从里面吸起,后到外面；擦拭卫生间地面时要从里到外。

（3）先铺后抹：房间清扫应先铺床,后抹家具物品,如果先抹尘,后铺床,铺床扬起的灰尘就会重新落在家具上。

（4）环形清理：家具物品的摆设是沿房间四壁环形布置的,因此,在清洁房间时,应按顺时针或逆时针方向进行环形清扫,以求时效和避免遗漏；比如擦拭和检查卫生间、卧室的设备用品的线路上,应按照顺时针或者逆时针进行,以免遗漏死角,更重要的是可以节省体力。

（5）干湿分开：在抹拭家具物品时,干布和湿布要交替使用,针对不同性质的家具,使用不同的抹布。例如,房间的镜、灯罩、电视机屏幕、床头板、卫生间的金属电镀器具等只能用干抹布擦拭,以免污染墙纸和发生危险。

（6）卧室、卫生间的优先问题。

住客房先卧室后卫生间：这是因为住客有可能回来,甚至带访客回来,先将客人的卧室整理好以便客人归来有安身之处,卧室外观整洁,客人当着访客面也不会尴尬。此时,服务员留下来做卫生间也不会有干扰之嫌。

走客房先卫生间后卧室：一方面,可以让弹簧床垫和毛毯透气,达到保养的目的；另一方面,不用担心客人会突然闯进来。

（三）住客房和退房卧室的清扫程序

1. 停放工作车

工作车挡住房门1/3靠墙停放,这样既便于观察工作车上的物品,又不致使住客房的客人出入房间遇到障碍。

2. 进入客房

（1）敲门前要先观察门上是否挂有"请勿打扰"牌或是否有双锁标志,避免唐突客人。

（2）如无上述情况,则用中指第二个指节叩门三下,不要用手拍门或直接用钥匙开房门。

(3) 敲门的同时应目视门镜,便于客人观察门外情况。

(4) 若房内无反应,则第二次敲门,静候房内反应。

(5) 如仍无动静,此时才可将房门用钥匙打开,但应注意不要用力过猛。

(6) 将房门打开一半时同时报一下自己的身份,注意音量适中,如知道客人的姓名,应以姓氏称呼。

(7) 如房内有客人,则应先向客人道歉,征得客人同意才可进房打扫;如无客人则将房门全部打开并开始清扫;如客人在睡觉,则应轻轻退出房间,将门轻轻带上,先去打扫另外的房间。

(8) 在清扫过程中应注意无论客人在房内与否都应将房门全部打开直到清扫工作结束。

3. 收拾垃圾

(1) 注意环形收拾,对于住客房内可能有保留价值的东西不可随意丢掉。

(2) 不要忘记收拾卫生间内废弃客用品以及废纸篓内的垃圾。

(3) 收拾垃圾过程中,不要忘记将房内用过的烟缸、杯子放入卫生间准备刷洗或放回工作车准备调换。撤掉脏的茶具、饮具,倒空冷、热壶的水,把茶具放到指定位置清洗,并将热水壶装水烧开。

(4) 将垃圾袋的袋口系紧放入工作车上的大垃圾袋内,并将房内所需新的床上用品带入。

4. 铺床

按饭店要求,并遵循节时高效、清洁卫生、方便入睡的原则铺床。

5. 抹尘

抹尘时应遵循从门开始、自左至右或自右至左、从上到下、从里到外、一擦到底的抹尘原则,凡伸手可及的地方都要擦到。在抹尘过程中遇到有电器时均应顺手开关,对有故障的电器做到心中有数。

6. 补充卧室用品

按要求摆放客用品,要保证数量充足,位置统一。

7. 吸尘

用吸尘器吸净地毯灰尘,从里到外,顺方向吸一遍,吸尘过程中应顺手将家具摆放整齐。

8. 填写客房清洁报表(见表4-1),如有需要维修的项目,应填写报修单。

表4-1 客房服务员清洁报表

ROOM ATTENDANT MAKE UP ROOM REPORT

酒店 HOTEL _____

Floor 楼层 _____   RA 服务员 _____

Room No. 房号	Room Status 房态	时间(TIME) 进 IN	时间(TIME) 出 OUT	D N D	早餐牌	擦鞋器	干洗单	水洗单	干洗袋	水洗袋	购物袋	火柴	信纸	传真纸	信封 航空	信封 普通	圆珠笔	赔偿表	价目表
合计																			

| Extra Bed 加床 | | Transfer 变压器 | | | Iron & Board 烫衣板 | | | | | | | | | | | | | | |
| Baby Cot 婴儿床 | | Adaptor 插座 | | | Extra Pillow(Blanket) 加枕(毛毯) | | | | | | | | | | | | | | |

Maintenance work orders 房间维修要求

Remarks 备注

Section				Supervisor				Date															
分段 _____				领班 _____				日期 _____															

明信片	意见卡	小册子	针线包	晚安卡	留言纸	拖鞋	餐巾纸	调酒棒	咖啡	杯垫	吧单	洗发液	沐浴液	护肤液	牙刷	梳子	刮胡刀	棉签	沐浴帽	大香皂	小香皂	面巾纸	卫生纸	卫生袋	矿泉水	垃圾袋 白	垃圾袋 黑

V.I.P 贵宾	Lost & Found 失物招领	Sleep Out 外宿	DND 请勿打扰
L.S.G 长住客	Open Door 开门	Laundry 洗衣	N/B/L/B 无(轻)行李

(四)铺床步骤及要求

(1)将床拉出约30~50cm,便于操作。

(2)撤枕头、撤被套、撤床单。撤床单时要抖动几次,确认里面无衣物或者其他小物品。撤走脏布草时,注意不得将撤下来的布草当抹布使用,也不要把脏布草扔在地毯或楼面走道上,必须放在布草袋内。在放的同时,带回干净布草。

(3)整理床:在撤布草的过程中,有可能使床垫移位,护垫翘角,要按顺时针方向去整理并将它们复位,注意:保护垫的正面要朝上,无污渍及毛发。一般每周将床垫头尾调换一次,每月将床垫上下翻转一次,使床垫受力均匀,床垫与床座保持一致。具体情况可根据客房出租率灵活处理。

(4)铺床单。铺床单分为甩单和包角两个步骤。

①甩单:站在床尾,用左手抓住床单尾部商标,右手抓住床单头部打松,并将其抛向床头位置,然后以床单中线为中心,两手相距约80~100cm距离,手心向下抓住床单,一次性抖开床单并顺势调整好床单的位置。

*注意:开单要干净利落,掌握八字诀,即"扬得充分,抖得干脆",一次性将床单铺于床上,达到正面朝上、中线居中、前后左右长短均匀的效果。

②包角:顺时针依次在床侧包4个角,塞边,四角包紧,平挺,有角度(斜角45度或直角90度)。

先包床尾(根据站位就近开始包角),将床尾下垂部分的床单掖进床垫下面,包右角,左手将右侧下垂的床单拉起折角,右手将右角部分床单掖入床垫下面,然后左手将折角往下垂拉紧包成直角或斜角,右手将角下垂的床单掖入床垫下面,包左角与包右角相同,床头左右角包法与包床尾左右角一样。

*注意:整张床单铺完后,床单的正面在上,床单商标在床尾,中线居中,开单要一次定位,床单要包紧,且四个角都要成直角或斜角。包直角或者斜角应按照饭店规定,但无论采用何种包角方式,都应注意方位、角度一致。

(5)入被套:入被套分为三个步骤来完成。

①将被芯平铺在床上;

②将被套外翻,把里层翻出;

③将被套里层的床头部分与被芯的床头部分固定;

④两手伸进被套里,紧握住被芯床头部分的两角,向内翻转,用力抖动,使被芯完全展开,被套四角饱满;

⑤将被套开口处封好;

⑥调整棉被位置,使棉被床头部分与床垫床头部分齐平,棉被的中线位于床垫的中心线,然后将棉被的床头部分反折30cm后整理平整;整个棉被无皱褶,无脱空,两边长度一致自然垂直,达到"三线合一",即被子的中线要和床垫、床单的中

线重合。

⑦按要求放置好床尾巾。

(6)套枕头:将枕芯平放在床上,两手撑开枕袋口使其进入空气,将枕芯放到枕袋口,左手提起枕袋口上边缘,右手将枕芯对半折顺势塞到枕袋里去,然后双手各提住袋口,边提边抖动使其全部进入,最后将超出的枕芯部分的枕袋掖入枕芯里面把袋口封好。

(7)放枕头:枕头靠床头平放居中,注意将单人床枕套开口方向背向床头柜,双人床两对枕头的枕套开口互对。放好的枕头必须四周饱满平整且枕芯不外露。

(8)将床推回原位。

*注意:铺床时应注意掌握速度,要尽量做到行走路线不重复,少走弯路,铺一张单人床不应超过2分30秒。

(五)擦洗卫生间的程序

(1)刷洗烟缸、漱口杯(漱口杯也可调换)。

(2)将清洁剂倒入恭桶水面,用恭桶刷搅匀,使恭桶内部被清洁剂溶剂浸泡。注意不要把清洁剂直接倒在马桶的釉面上,这样会对马桶釉面造成损伤。

(3)清洗浴缸。先将浴缸的活塞关闭,放一些热水和清洁剂在里面;然后用浴缸刷从上到下,从里到外,把浴缸周围伸手可触及的墙壁、皂托、金属巾架、浴帘杆、浴缸内外刷洗一遍;将浴帘放入浴缸清洗;将活塞打开,用淋浴喷头放水冲洗;用抹布擦干并擦亮所有的金属镀件;将浴帘擦干并将其下摆放入浴缸内。

(4)刷洗恭桶。用恭桶刷刷洗恭桶盖、垫圈、内壁及下水口;放水冲洗,注意用恭桶刷搅动;用抹布将恭桶上的水箱、恭桶盖、垫圈、恭桶外侧及底座彻底擦干,擦亮电镀冲水柄,待补充卫生间用品时将"已消毒"封条压在垫圈下。

(5)清洗面台。清洁面镜,可用卫生间内废弃的卷筒纸将面镜上的水迹、皂迹擦干净,并随手检查面镜上方的照明灯;清洁面盆、台面,先用清洁剂擦洗面盆及金属镀件,然后放水冲洗,用抹布将面台上、面盆内的水迹擦干。

(6)清洁卫生间地面。用擦地面的那一块抹布按从里到外的顺序将地面擦干;地漏处尤要仔细擦净,擦至门口时要先转身将房门和门上的挂衣钩擦干净(可用擦浴缸那块抹布),然后再擦门口的地面。另外,还需擦亮金属镀件和毛巾架,补充卫生间客用品;环视整个卫生间,带好清洁桶及工具,关灯,将卫生间门虚掩。整个卫生间的清洁应达到无水迹、无皂迹、无尘迹、无异味、无毛发的标准。

(六)住客房做夜床服务程序

(1)按进房程序入房,如客人在房内,必须征得客人同意后方可入房。

(2)补充饮用水,调换用过的茶具,如房内备有冰箱,应补充冰块。

(3)清点小酒吧内耗用的酒水,及时报账,并补充酒水。

(4)清倒垃圾和烟缸,并注意垃圾内有无贵重物品及未熄灭的烟头。

(5)将散放在床上的客衣放整齐,如衣橱内配有浴袍,应将浴袍取出摊放在床尾,在有床头柜的一侧或沙发前放好拖鞋。

(6)清洁房内家具,用抹布擦去浮灰和污渍,并使散乱的家具复位。

(7)检查和调好电视机频道。

(8)按房内住客人数开夜床。其步骤为:掀开床罩,折好,放在规定的位置;将棉被的一角折向床垫中央,成45°角或斜拉成30°角;开床时,如房内只有1张床,住1位客人,则开靠床头柜一侧。在棉被折角上放晚安卡或早餐牌;如是VIP客人的房间,还应放鲜花、水果等。

(9)更换浴室内客人用过的布巾,清洁客人用过的浴缸,并把脚垫巾铺在靠浴缸的地面上。

(10)把台面上的客用物品摆放整齐。

(11)将浴帘拉至浴缸的一半,下摆放入浴缸内,并把脚垫巾铺在靠浴缸的地面上。

(12)用抹布擦净地面。

(13)将浴室门虚掩。

(14)拉上房内厚窗帘,开启床头灯和通道灯,为客人创造一个温馨舒适的入睡环境。

(15)环视房间,然后退出房间将门轻轻关上并擦亮门把手。

(16)填写工作报表(见表4-1),如有损坏设备应即刻填写报修单通知维修部门。

(七)空房的整理程序

空房是即将出租的房间。为了保证房间的卫生质量,空房也应适当整理,其程序如下:

(1)进房后首先检查房内所有电器设备,确保其运转良好。

(2)用干净抹布擦拭家具上的浮灰,并检查家具的牢固程度。

(3)在客人即将入住前应检查房内开水的热度,冰箱内冰块的数量和质量。

(4)应每天对卫生间内的水龙头试放水,以免时间过久水质浑浊。

三、客房周期清洁的意义及内容

(一)客房周期清洁的意义

客房服务每天的整理清扫工作,一般工作量都比较大。例如,一个客房清扫员的工作量,每天平均为12间左右,甚至更多,所以不可能对他所负责的房间或区域的每一个角落、每一个部位进行彻底的清洁保养。另一方面,不论是楼层还是公共区域,有些家具、设备不需要每天都进行清扫整理,但必须定期进行清理。

客房周期清洁就是在搞好日常清洁工作的基础上,定期对清洁卫生的死角或容易忽视的部位,以及家具设备进行彻底的清扫整理和维护保养,其最主要的意义即在不增加服务员日常劳动强度的情况下,同样能完全保证客房的卫生质量,保证饭店内外的清洁和家具设备的良好状态。

(二)客房周期清洁的内容

1. 地板打蜡

选择在天气干燥晴朗时,搬动家具,卷起地毯,按砂擦、除尘、上蜡和磨光的程序,对整个地面进行打蜡。

2. 地毯吸尘

对整个地面的地毯进行吸尘,包括日常打扫不能接触之处,如床和家具下面、房间四角等。

3. 擦窗

要采用粉擦、水擦、干擦等各种方法,擦拭整个玻璃窗面、窗框,并用铜油擦净铜制的窗把。

4. 家具除尘

客房内某些家具物品,如床的软垫、厚窗帘、软座椅及沙发等都要定期吸尘,还要擦抹家具四周底部及背后等部位,以保持其清洁。

5. 清扫墙面

包括天花板以及出风口,地面卫生洁具上的金属零部件须定期重点擦洗,恭桶用消毒水进行重点消毒。

四、客房卫生检查制度与标准

客房清洁整理标准的制定,使客房的清扫工作有了明确的标准和规范。但这些标准和规范是否得到执行,是否奏效,加之我国一些饭店客房部职工的总体素质水平不是很高,这就要求客房部的管理人员必须抽出2/3以上的时间深入现场,加强督促检查。这是客房卫生质量控制的关键所在。

(一)客房卫生的逐级检查制度

检查客房又称查房。客房的逐级检查制度主要是指对客房的清洁卫生质量检查实行领班、主管及部门经理三级责任制,也包括服务员的自查和上级的抽查。由于员工的检查方法和标准会有差异,采用逐级检查制度是确保客房清洁质量的有效方法。

1. 服务员自查

服务员每整理完一间客房,就应对客房的清洁卫生状况、物品的摆放和设备家具是否需要维修等作自我检查。服务员自查应在客房清扫程序中加以规定。它的好处有：

①加强员工的责任心；②提高客房的合格率；③减轻领班查房的工作量；④增进工作环境的和谐与协调。

2. 领班查房

通常，一个早班领班要带 6~10 名服务员，负责 60~80 间客房的区域，要对每间客房都进行检查并保证质量合格。鉴于领班的工作量较重，也有些饭店只要求对走客房、空房及贵宾房进行普查，而对住客房实施抽查。总之，领班是继服务员自查之后的第一道关，往往也是最后一道关。因为他们认为合格的就能报前台出租给客人，所以这道关责任重大，需要由训练有素的员工来充任。

领班查房的作用有：

(1) 拾遗补漏：由于繁忙、疲惫等许多原因，再勤勉的服务员也难免会有疏漏之处，而领班的查房犹如加上双保险。

(2) 帮助指导：对于业务尚不熟练的服务员来说，领班的检查是一种帮助和指导。只要领班的工作方法得当，这种检查可以成为一种岗位培训。

(3) 督促考察：领班的检查记录是对服务员考核评估的一项凭据，也是筛选合格服务员的一种方法和手段。需要强调的是：领班查到问题并通知员工后，一定要请员工汇报补课情况并予复查。

(4) 控制调节：领班通过普查可以更多了解到基层的情况并反馈到上面去，反之，管理者又通过领班的普查来实现其多方位的控制和调节。领班检查工作的标准和要求是上级管理意图的表现。

3. 主管抽查

为了实现对领班的管理和便于日常工作的分配调节，许多饭店都设置了主管职位。查房制度应保证主管抽查客房的最低数量，通常它是领班查房数的 10% 以上。此外，主管还必须仔细检查所有的贵宾房和抽查住客房。主管的抽查也很重要，它是建立一支合格的领班队伍的手段之一，同时，它可以为管理工作的调整和改进、实施员工的培训计划和人事调动等提供比较有价值的信息。

4. 经理查房

这是了解工作现状、控制服务质量最为可靠有效的方法。对于客房部经理来说，通过查房可以加强与基层员工的联系并更多地了解客人的意见，这对于改善管理和服务非常有益。

客房部经理还应在每年至少两次对客房家具设备状况加以检查。在美国旧金山的凯悦摄政饭店，其总经理彼得·戈德曼每周要会同其客房部经理、房屋总监和总工程师抽查 20 间客房，这一工作每次至少花两个小时。这样，发现问题可及时得到解决,而且还有利于制订或改进有关清洁保养、更新改造的工作计划。因为经理人员的查房要求比较高,所以被象征性地称为"白手套"式检查。这种检查一般都是定期进行的。

(二) 客房卫生检查的内容与标准

客房卫生检查的内容一般包括四个方面:清洁卫生质量、物品摆放、设备状况和整体效果。查房的项目和标准如下:

1. 房间

◆房门:无指印、划痕,锁完好,安全指示图、请勿打扰牌、餐牌完好齐全,安全链、窥视镜、把手清洁完好。

◆墙面和天花板:无裂缝、漏水或小水泡,无蛛网、斑迹,无油漆脱落和墙纸起翘等。

◆护墙板、地脚线:清洁完好。

◆地毯:吸尘干净,无斑迹、烟痕。如需要,作洗涤、修补或更换标记。

◆床:铺法规范,床罩干净,床下无垃圾,床垫按期翻面,床单更换,位置端正,无破损、毛发。

◆硬家具:干净明亮,无刮伤痕迹、木刺,坚固无松动,位置正确。

◆软家具:无尘无迹,如需要则作修补、洗涤标记。

◆抽屉:干净,无污迹,推拉灵活自如,把手完好无损。

◆电话机:无尘,无迹,批示牌清晰完好,话筒无异味、功能正常,电话线整齐有序。

◆镜子与挂画:框架无尘,镜面明亮,位置端正。

◆灯具:灯泡、灯罩清洁无尘,功率正确,开关使用正常。

◆垃圾桶:状态完好清洁,罩有塑料袋。

◆电视机与音响:接收正常,清洁无迹,位置正确,频道设在播出时间最长一档,音量调到偏低。

◆壁柜:衣架品种、数量正确且干净,门、橱底、橱壁和格架清洁完好,柜内自动开关灯正常。

◆窗帘:干净完好无破损,位置正确,操作自如,挂钩无脱落。

◆玻璃窗:清洁明亮,窗台与窗框干净完好,开启轻松自如。

◆空调:滤网清洁,工作正常,温控符合要求。

◆小酒吧:清洁无异味,物品齐全,温度开在低挡。

◆客用品:数量、品种正确,无涂抹、折叠,状态完好。

2. 卫生间

◆门:正反面干净无划痕,把手洁亮,状态完好。

◆墙面:清洁完好,无松动、破损。
◆镜子:无破裂和水银发花,镜面干净无迹。
◆天花板:无尘无迹,无水漏或小水泡,完好无损。
◆地面:清洁无迹、无水、无毛发,接缝处完好无松动。
◆浴缸:内外清洁,镀铬件干净明亮,皂缸干净,浴缸塞、淋浴器、排水阀和水龙头等清洁完好、无滴漏,接缝干净、无霉斑,浴帘干净完好,浴帘扣齐全,晾衣绳使用自如,冷热水水压正常。
◆脸盆及梳妆台:干净,镀铬件明亮,水阀使用正常,无水迹、毛发,灯具完好。
◆恭桶:里外均清洁,使用状态良好,无损坏,冲水流畅,开、关自如。
◆抽风机:清洁,运转正常,噪音低,室内无异味。
◆客用品:品种、数量齐全,状态完好,摆放符合规范。

3. **楼面走廊**

◆地毯:吸尘干净,无斑迹、烟痕、破损,地毯接缝处平整。
◆墙面:干净无破损。
◆照明及指示灯:使用正常,无尘无迹。
◆空调出风口:清洁无积灰。
◆落地烟缸:位置摆放正确,清洁无迹。
◆消防器材:消防器材、安全指示灯正常完好,安全门开闭自如。

各个饭店由于设施设备条件不一,检查标准和项目会略有差异。随着饭店业的发展,检查表的内容会更丰富。不过,对于业务熟练的管理人员来讲,在检查过程中做些记录或许更省事和有效。

☞ **案例**

规范并非一成不变——尘埃与黄斑的启示

北方某大酒店的客房部王经理办公室里,一位南方客人反映他下榻的818房间,客房服务员经常打扫马虎,写字桌、茶几等家具上常有一层薄的尘埃,洗手间恭桶内还有一圈微黄的斑迹。而八楼的几位服务员个个经验丰富,责任心也很强,这究竟是怎么回事?

午后,王经理到八楼看了几个房间,发现客人所说基本属实,连地板上都隐约可见一层尘土。第二天上午,当班服务员小杨开始每天常规的清洁工作时,王经理来到了现场。小杨的操作滴水不漏,丝毫没有偏离规程。王经理怀着极大的疑惑回到办公室,视线正好落在一份清洗液的说明书上。这是一种新牌子的清洗液。

这种新的清洗液去斑能力特强,且对洁具表面无损,唯一的条件是喷上后必须过10分钟后方可擦洗,否则效力将大打折扣。而小杨他们还是按老的规程,喷上清洗液后1分钟就对其擦洗。恭桶黄斑问题真相大白。饭店对面是一个工地,空中弥漫着淡黄褐色的灰土。客房灰尘问题也真相大白。

为此,在王经理的召集下,对原有的操作程序进行了调整。进客房打扫时,首先在恭桶内喷清洗液,然后整理床铺、做别的工作,之后再去打扫卫生间,黄斑问题就可以解决。最后再去房间抹尘,此时空中的尘土差不多已经全部掉落下来了。

新的方案试行后,效果很好。

第三节 公共区域的清洁保养

饭店是一个浓缩了的小社会。一家饭店往往是其所在地的一个社交中心。除了住店客人以外,来饭店用餐、开会、购物、参观游览的人也为数不少,这些人同样是饭店的客人。他们进到饭店后往往只停留于公共活动区域,因此,公共区域的清洁卫生理所当然地成为这部分客人评判饭店的重要标准。由此可见,做好公共区域的清洁保养工作同样是非常重要的。

在现代饭店内,客房部不仅承担了客房的清洁卫生工作,而且还承担整个饭店的全部清洁卫生工作。这样组织的好处在于能统一调配清洁卫生工作的人力、物力,使清扫工作专业化,提高劳动效率和质量。

一、公共区域的日常清扫

(一)公共区域清洁保养的特点

凡是饭店内公众共同享有的活动区域都可以称之为公共区域。通常人们将饭店的公共区域范围划分为室内与室外。室内公共区域又划成前台区域和后台区域两部分。室外公共区域是指饭店外围区域,它包括饭店外墙、花园、前后大门等。室内公共区域的前台部分通常指专供宾客活动的场所,如大厅、休息室、康乐中心、餐厅(不包括厨房)、舞厅、公共洗手间等。室内公共区域后台部分通常指为饭店员工设计的生活区域,如员工休息室、员工更衣室、员工餐厅、员工娱乐室、员工公寓等。公共区域清洁保养的特点是:

首先,由于公共区域所涉及的范围相当广,因此,其清洁卫生的优劣对饭店影响非常大。

其次,公共区域的客流量非常大,人员复杂,对卫生质量的评价标准不一。这就给公共区域的清扫带来困难。同时,由于客人在此活动频繁,环境在不断变化,同样给清扫工作带来诸多不便。

最后,公共区域的清洁工作烦琐复杂,工作时间不固定,服务员分散,因此,造成其清洁卫生质量不易控制。这就要求公共区域服务员在日常工作中必须具有强烈的责任心,积极主动,适时地把工作做好,再加上管理人员不停地巡视和督促,做好公共区域的清洁工作并非难事。

(二)公共区域清洁保养的内容

1. 大堂清扫工作

大堂清扫工作的一般原则是:以夜间为基础,彻底对其进行清洁,白天进行维护和保持。

(1)大堂地面清洁

每天晚上应对大堂地面进行彻底清扫或抛光,并按计划定期打蜡。打蜡时应注意分区进行,操作时,打蜡区域应有标示牌,以防客人滑倒。

白天用油拖把进行循环迂回拖擦,维护地面清洁,保持光亮。拖擦地面时应按一定的路线进行,不得遗漏。每到一个方向的尽头时,应将附着在拖把上的灰尘抖干净再继续拖擦。

操作过程中应根据实际情况,适当避开客人或客人聚集区,待客人散开后,再进行补拖。遇到客人要主动问好。

客人进出频繁的门口、梯口等容易脏污的地面要重点拖,并适时地增加拖擦次数,确保整个地面的清洁。

遇有雨天气,要在大堂入口处放置脚踏垫,树立防滑告示牌,并注意增加拖擦次数,以防客人滑倒和影响饭店形象。应视情况更换脚踏垫。

如在拖擦过程中遇有纸屑杂物,应将其堆在角落集中,然后用清扫工具将其收集起来妥当处理。

(2)饭店门庭清洁

夜间对饭店大门口庭院进行清扫冲洗,遇有雨雪天气,应适时增加冲洗次数。

夜间对停车场或地下停车场进行彻底清扫,对油迹、污渍应及时清洁,并注意定期重新划清停车线及检查路标的清洁状况。

夜间对门口之标牌、墙面、门窗及台阶进行全面清洁、擦洗,始终以光洁明亮的面貌迎接客人。

白天对玻璃门窗的浮灰、指印和污渍进行抹擦,尤其是大门玻璃的清洁应经常进行。

(3)大堂扶梯、电梯清洁

夜间对大堂内扶梯和电梯进行彻底清洁。如有观景电梯则应特别注意其玻璃梯厢的清洁,确保光亮,无指印、污迹。

夜间应注意更换电梯内的星期地毯,并对地毯或梯内地面进行彻底清洁。

擦亮扶梯扶手、挡杆玻璃护挡,使其无尘、无手指印,如不是自动扶梯,还应对楼梯台阶上的地毯铜条进行擦抹,并使用铜油将其擦亮。

夜间对电梯进行清洁和保养,白天则对其进行清洁维护,保持干净整洁。

(4) 大堂家具清洁

夜间对大堂内所有家具、台面、烟具、灯具、标牌等进行清洁打扫,使之无尘、无污渍、保持光亮,并对公用电话进行消毒、擦净,使之无异味。

白天对家具等进行循环擦抹,确保干净无灰尘。

及时倾倒并擦净立式烟筒,烟缸内的烟蒂不得超过3个,如更换客用茶几上的烟缸时,应先将干净的烟缸盖在脏的上面一起撤下,然后换上干净烟缸。

随时注意茶几、地面上的纸屑杂物,一经发现,应及时清理。

2. 公共卫生间清扫工作

按顺序擦净面盆、水龙头、台面、镜面,并擦亮所有金属镀件。用清洁剂清洁恭桶及便池。

擦坐厕内的门、窗、隔档及瓷砖墙面。

拖净地面,保持无水渍、无脏印。

喷洒适量空气清新剂,保持室内空气清新,无异味。

洗手台上摆放鲜花。

按要求配备好卷筒纸、卫生袋、香皂、擦手纸、衣刷等用品。

检查皂液器、自动烘手器等设备的完好状况。

3. 其他区域清洁卫生工作

夜间对公共区域的走廊、通道、楼梯、天棚进行全面清扫。

白天对上述区域定时清扫,保持干净整洁。

定时疏通冲洗下水道,确保其畅通。

对员工公寓、员工娱乐室进行定期清扫,为全店员工创造良好的生活环境。

4. 绿化布置及清扫

(1) 绿化布置程序

按照规划对客人进出场所的绿化花草进行布置和安排摆放位置。

根据规定的调换时间,定期调换各种花卉盆景,给客人一种时看时新的感觉。

重大任务前,如接待贵宾或举行圣诞晚会,则要根据饭店的通知进行重点绿化布置。

接到贵宾入住通知单,应根据客人等级和布置要求,准备好摆放鲜花,按房号送至楼面交服务员,切记客人所忌讳的花卉。

(2) 绿化清洁养护程序

每天从指定的地点开始按顺序检查、清洁、养护全部花卉盆景。

拣去花盆内的烟蒂杂物,擦净叶面枝干上的浮灰,保持叶色翠绿、花卉鲜艳。

对喷水池内的假山、花草进行清洁养护,对池内水中的杂物要及时清除并定期换水。

发现花草有枯萎现象,应及时剪除、调换,并修理整齐。

定时给花卉盆景浇水,操作时溅出的水滴及弄脏的地面应用随身携带的抹布擦干净。

对庭院内的树木花草,应定期进行修剪整理和喷药打虫,花卉盆景应按时调换。

养护和清洁绿化区时,应注意不影响客人的正常活动。遇到客人礼貌问好。

5. 公共区域铜器上光

准备好两块干净的软抹布及适量铜油。先用一块抹布抹去铜器上的灰尘和手印,将铜油滴在另外一块抹布上,用蘸有铜油的抹布轻轻地在铜器上反复擦拭,擦到又黄又光亮即可。

(三) 公共区域卫生质量的控制

1. 制定清洁保养制度及标准

根据公共区域清洁卫生繁杂琐碎、人员变动大的特点,必须制定清洁保养制度及标准,以保证公共区域清洁卫生质量的稳定性。公共区域的清洁保养制度和标准一般包括日常的清洁保养制度和分期清洁保养计划。

(1) 日常清洁保养制度

根据各区域的活动特点和保洁要求,列出所有责任区域的日常清洁基本标准,以便进行工作安排和检查对照。

(2) 分期清洁保养计划

分期清洁保养计划类似于客房的计划卫生,但公共区域范围广,各处的使用情况和环境要求也不一样,所以分期清洁保养计划应以片、区分列为宜。

2. 公共区域卫生质量控制

(1) 划片包干,责任落实到人

为了保证清洁保养计划的实施和便于检查效果,应将各项工作落实到早、中、晚三个班,再根据工作量的大小确定各班次所需要的服务员人数,最后还要划片包干,责任落实到人。通常,早、中班各责任区服务员应根据客房部制定的工作流程和时间分配表进行工作,而夜班则只需列出其工作内容即可。

(2) 加强巡视检查,保证质量

公共区域管理人员要加强巡视检查,同时要制定卫生检查标准和检查制度,以及制作相应的记录表格。客房部的管理人员也要对公共区域的清洁卫生进行不定期或定期的检查和抽查,才能保证公共卫生的质量。

公共区域管理人员的清洁卫生检查,白天应以检查清洁卫生质量、了解员工的工作状态和操作细节,包括是否正确使用清洁剂和清洁工具为重点;晚上则以督促工作为重点,因为在晚间灯光下,地面、玻璃及门柱等处是否光洁,是无法一目了然的。

二、地面构造常识及其清洁保养方法

(一)地板构造成分及其清洁保养

1. 树脂地板(RESILIENT FLOOR)

(1)成分

一般来说,所有胶地板均由纤维(石棉)、矿物颜料、填充物及黏合物所构成。例如:沥青地板,其混合填塞物是沥青、亚麻仁板(亚麻仁油)。深色的土沥青板的黏合物是沥青,而浅色的则为树脂(没有沥青的土沥青板),所有材料混合后会被压成大的薄块,然后切成小块。树脂地板在清洁保养工作中应注意以下各点:

(2)注意点

①避免用油类及有溶解力的溶剂来清洗,因为润滑油、矿物油、植物油、机油、电油、柴油、松节油、挥发油及溶剂等会溶解沥青或树脂面,令地板褪色或损坏(软化)。

②避免用过量水(尤其是热水)来清洁,因为热水过多会使水分渗入。

③过强碱性的清洁剂会令地板易褪色或硬化破裂,应避免使用。

④此类地板不适用于温度太高或温度太低的液体,因为土沥青板在高温下会发生软化(熔化),而在温度太低环境下又会硬化、易碎。

⑤太重物体的压迫或太大压力的作用会令地板收缩或凹下,而永难复原。故当每平方寸压力太大时,要使用保护物分散压力。

(3)保护物

液体或膏状保护物。

(4)保养指南

①基本处理 彻底清洁,用洗地机及适当起渍起蜡水洗擦,过水,然后用吸水机吸干地面。

处理办法 A:在已干透清洁的地板上,用蜡拖落两层封蜡,然后再加两层面蜡。

处理办法 B:在已干透清洁的地板上,用蜡拖落两层封蜡,然后再用喷磨方法加两层面蜡。

②平常保养 保养方法 A:用定期起蜡及落蜡的方法

保养方法 B:用定期喷磨的方法

2. 非树脂地板(NON-RESILIENT FLOOR)

(1)成分

非树脂地板种类较多,结构各有不同,但大部分非树脂地板可以用封蜡封盖表面而令其易于保养。在众多非树脂地板中,以混凝土、云石、瓷砖地板、木板地在酒店中应用最为普遍。

(2) 注意点

①避免使用无抑制酸性清洁液或碱性过高的清洁剂。

②避免使粗糙的物体或清洁剂摩擦表面。

③避免起尘砂。混凝土及人造云石年久会起砂粉，应及早用封蜡(CONCRETE SEAL)封于表面，以避免砂尘的形成。

④避免使用粉状清洁剂。通常粉状清洁剂效能较低，且在干透后会形成晶体而造成地面被迫爆裂。

(二) 不同材质地面的清洁保养

1. 混凝土地(CONCRETE FLOOR)

(1) 注意点

①所有混凝土地面均为碱性，故在任何清洁处理之前，应先使其中和(用清水平和其成分)。

②混凝土地面一段时间后都会现出粉状物，为使地面坚固不泛尘，地面应以封蜡处理(应小心选择，因为市场上有多种不同的封蜡)。

③避免使用无抑制酸性清洁剂，此类清洁剂会令地面粗糙，使地面失去应有的韧性及起裂缝，甚至令地面变黑。

(2) 保护物

三合土封蜡、氯化橡胶或聚酯类保护物、液体或膏状蜡。

(3) 清洁方法

用洗地机及适当分量的碱性清洁剂洗刷地面，过清水，然后用吸水机吸干水分。

处理方法 A：定期使用洗地机及适当清洁剂洗刷地面，过清水，然后用吸水机吸干水分。

处理方法 B：在已清洁干爽的地面上，用蜡拖落两层三合土封蜡，再在上面加两层面蜡。

(4) 日常保养

每天扫地及拖地两次。

2. 木板、水松木(WOOD FLOOR、CORK FLOOR)

(1) 成分

工业上应用的木板地通常用软性或硬性的不同厚度与阔度的木板所砌成。水松木板则多采用已压成块状的、方块的木板。直接以灰泥将之砌在三合土地台上，湿度的过分转变会使地面歪曲。

(2) 注意点

①避免湿水。未封或堆砌不好的地台，遇水会发生变形或松脱的现象。

②避免翻刨。因为这样会使木板变薄而不合建筑规格。

（3）保护物

木板封蜡、膏状物、蜡水（只适用于已封蜡地面）。

（4）清洁方法

用擦地机及溶剂清洁剂清洗地面，风干。

处理方法 A：在已清洁干爽的地面上，用打蜡机落一层膏状蜡，再加一层液体蜡。

处理方法 B：若地面曾经使用封蜡，则要将封蜡清除，另加上新的封蜡，再在上面加两层液体蜡。

（5）日常保养

采用定期喷磨方法。

3. 云石（大理石）（MARBLE FLOOR）

（1）成分

云石又称大理石，其实是碳酸钙的晶体，用来造碑的云石亦含有碳酸镁。云石漂亮的光亮色泽由石内的杂质所造成。不同的云石，其密度及韧性亦有很大分别，但因其主要成分相同，故保养方法均一样。

（2）注意点

①避免使用任何酸性清洁剂，因其会与碳酸钙发生化学反应而使云石失去韧性及腐蚀云石表层。

②避免使用粗糙的东西摩擦，因为这样会造成云石表面永久性磨损。

③避免使用砂粉或粉状清洁剂，因为此类清洁剂干后会形成晶体存留在云石表层的空洞内，易造成云石表面被迫爆裂。

（3）保护物

封蜡、树脂液体蜡或氯化树胶封于表面。

（4）一般瓦、砖地板清洁方法

用洗地机及适当清洁剂洗擦地面，过清水，然后用吸水机吸干水分。

处理方法 A：在已清洁的地面上，用蜡拖落两层封蜡，然后再加两层面蜡。

处理方法 B：在已清洁的地面上，用蜡拖落两层封蜡，然后用喷磨方法再加两层面蜡。

（5）平常保养

①用定期起蜡、落蜡方法。

②用定期喷磨方法。

（三）地板清洁程序及技巧

一般清洁地板的程序如下：

扫地→推尘→湿拖→喷磨→除尘→上蜡

1. 扫地

(1)器具

扫把、垃圾铲或机械扫地机(适用于大面积的地方)。

(2)操作方法

①用平排方式将扫把向前推。

②用垃圾铲将垃圾铲起。

③如果用手推扫地机或机械扫地机,则以来回运行操作作为原则。

2. 推尘

(1)材料及器具

静电(吸尘)剂,尘拖。

(2)操作方法

①将尘拖放在地上,以直线方向呈阿拉伯数字横"8"字形推尘,尘拖不可离地。

②当尘拖沾满灰尘时,应用刷子在垃圾桶上将尘拖刷干净,再用以继续推尘,直至地面清洁。

③若尘拖失去沾尘能力,需用静电剂处理过后再用。

④尘拖久用必脏,需及时送到洗衣房去清洗干净。

3. 湿拖(水湿)

(1)材料及器具

地拖(8～16 oz 或 16～24oz)、地拖压干机及水桶、油灰铲、适当清洁剂(碱性)、细钢丝球或百洁布。

(2)操作方法

①将要湿拖的地方先扫干净(用扫把及尘拖)。

②依照指示将清洁剂适量配入水桶中。

③将地拖浸入水桶中,然后用阿拉伯数字横"8"字形拖地。

④将湿拖把置于压干机内压干水分。

⑤用干拖把(压干水分)将地面多余水分拖干。

⑥用细钢丝球或百洁布洗擦难去除的顽劣污渍。

⑦重复将地拖浸于水桶中,然后再拖地,直至将全部所需面积清洁干净。

⑧用干净地拖及清水依上述方法过一次水。

⑨用油灰铲除掉口香糖、油漆等剩余之顽渍。

(3)注意点

①不要让太多的水分滞留地面,更不要让清洁剂留在地面上时间太久。

②过清水的地拖及落清洁剂的地拖要分开使用。

③注意更换清水。
④注意清理干净残留在墙角的清洁液。

4. 湿拖（第二种方法）

（1）材料及器具

地拖（8~16oz 或 16~24oz）、适当清洁剂（碱性）、地拖压干机及水桶。

（2）操作方法

①将要湿拖的地方先扫干净（用扫把及尘拖）。

②依照指示将清洁剂适量配入水桶中。

③将地拖浸入水桶中，然后放入地拖压干机内压除多余水分，以拖把拿出不滴水为合适。

④用阿拉伯数字横"8"字形方法拖地，每次拖擦面积约为 1.2m×4.6m，然后将地拖浸湿、压干。

⑤重复上述步骤，直至地面全部清洁。

⑥注意更换水桶内的清洁剂，因为拖洗一段时间后，清洁剂会变污及失去应有之清洁效力。

5. 机械起渍或起蜡

（1）材料及器具

①自动洗地机（大面积地方，如车场、机场、大堂等）。

②吸水机。

③油灰铲。

④带水箱的洗地机。

⑤洗地擦（刷）或尼龙垫（黑色或咖啡色）。

⑥地拖、压干机、水桶（如有需要）。

⑦适当清洁剂。

（2）操作方法

①用尘拖拖尘。

②依照说明指示将适当分量的起蜡水倒进水桶内与清水混合（通常比例为1:4）。

③将桶内除蜡混合液注入擦地机水箱中。

④开动洗地机，同时将水箱内的除蜡水注于地面上，洗擦整个地面。

⑤3~5分钟后，再用擦地机重新洗刷一次。这一次不用再放蜡水。

⑥用吸水机吸干地面上的水分。

⑦用擦地机及清水再洗刷一次地面。

⑧再次用吸水机吸干地面水分。

⑨风干地面。

6. 上蜡一般程序

(1) 材料及器具

①聚酯类蜡水或液体蜡。

②清洁地拖(24oz,适用于小面积场地)。

③清洁蜡拖(适用于大面积场地)。

④清洁的地拖、压干机及水桶。

⑤尘推。

(2) 操作方法

①用尘推拖地。

②在大面积场地,将蜡水注入蜡拖内,压一压多余部分蜡液,然后用直线方法将蜡落于地面。

③在小面积场地,将蜡水注入清洁的水桶内,将清洁地拖浸入蜡水内,放到压干器上压至地拖不滴水为合适。

④用阿拉伯横"8"字形方法将蜡落于地面上。

⑤待蜡面完全干后(约30分钟),再重复上述方法。

(3) 注意点

①蜡水落下之前,一定要确保地面是清洁的。

②要待第一层蜡完全干后方可落第二层蜡。

③若用不同的蜡水,则要分别使用蜡拖。

7. 喷磨方法

(1) 材料及器具

①高速打蜡机(适用于胶地板及滑面非树脂地板)。

②打蜡机(适用于木板或水松木地板)。

③尼龙垫(红、白或蓝色)。

④喷壶。

⑤蜡水。

⑥尘推。

(2) 操作方法

①将要喷磨的地方用尘推拖干净。

②将蜡水注入喷壶内。

③将蜡水均匀地喷于地面。

④用打蜡机打磨(要在蜡水未干前打磨)。

⑤继续打磨直至地面光亮。

⑥打磨若干面积后,尼龙垫会变脏,影响效果,此时需要更换新的尼龙垫。

⑦使用变脏的尼龙垫,应用清水浸洗干净,并风干保存好,留待下次再继续使用。

(3)注意点

喷磨时,一次面积不宜过大,而宜将大面积的地方分为多个小面积的地段,逐个逐个地将之打磨好。

8. 落膏状蜡方法

(1)材料及器具

①打蜡机。

②钢丝垫(2号或3号)。

③垫阻。

④膏状蜡。

⑤尘推。

⑥1×12木枝。

(2)操作方法

①用尘推拖尘,将地面清理干净。

②将3号钢丝垫放在垫阻上,再驳接于打蜡机上。

③用木枝将蜡膏涂在钢丝面垫上。

④用圆形旋转动作开动、操纵打蜡机。

⑤当钢丝垫集聚污蜡时,需换上新的钢丝面垫。

⑥重复上述过程,直至全部面积清洁。

⑦换上2号钢丝垫,然后打磨地面。

⑧在地面打磨光亮后,用尘推将地面拖干净。

(四)地板保养方法

1. 定期起蜡、落蜡方法(适用于胶地板及大部分滑面非树脂地面)

序	项 目	次 数	每年次数*
1	拖尘	每日一次	296
2	湿拖	每周一次	48
3	区域喷磨	每周两次	100
4	湿拖	每月一次	12
5	起蜡	每年一次	
6	区域落蜡	每月一次	
7	起底蜡	每年一次	
8	落蜡	每年两次	

*工作次数视地方工作日而定。

2. 定期喷磨方法（适用于胶地板及大部分滑面非树脂地面）

序	项 目	次 数	每年次数
1	拖尘	每天一次	296
2	喷磨：区域喷磨	每周一次	48
	全面喷磨	每年两次	
3	起蜡落蜡	视情况需要	2

3. 传统落膏状蜡方法（适用于未封的木地板、水松木地板）

序	项 目	次 数	每年次数
1	拖尘	每天一次	296
2	起蜡	每年四次	4
3	落蜡	每年四次	4

4. 喷磨落液体蜡方法（适用于已封或未封的木地板、水松木地板）

序	项 目	次 数	每年次数
1	拖尘	每天一次	296
2	喷磨：区域喷磨	每周两次	100
	全面喷磨	每年两次	2

5. 定期性洗刷方法（适用于大部分粗面非树脂地面及天然石地面）

序	项 目	次 数	每年次数*
1	扫尘或吸尘	每天一次	296
2	洗刷地面	视需要	

* 工作次数视地方工作日而定。

6. 维护一般地面所遇到的问题

地面的维护过程中会遇到许多问题，如：

（1）脏而失去光泽的地面，是由于灰尘形成黏性油膜所致，它是由油拖布、扫帚或清洁过程中的混合物造成的。

（2）条纹——主要是使用脏拖布拖地造成。

（3）弹性地板如果不打蜡会损坏。

（4）如果不进行适当的保养，地面色彩会逐渐失去并且地面会形成许多微孔。

（5）如发现有松动或脱落的贴面要立即修复，以防将行人绊倒、摔伤。

（6）弹性地面防止家具压碰及带有铁掌的鞋的踏压。

上述提及的一般问题如果能遵循各种类型地面的特殊维护方法，虽不能全面杜绝，但可以减少到最低的限度。

三、地毯的清洁与保养

(一) 地毯的组成

地毯通常用下列三种纤维组成：

(1) 动物纤维，如丝及羊毛。

(2) 植物纤维，如棉及麻。

(3) 人造纤维，如尼龙。

若使用适当清洁剂及清洁方法，大部分地毯都可以清洁。

(二) 地毯的结构

地毯基本上是由三层(种)材料构成，即面层纤维或称线层(YARN PILE)、第一支持层、第二支持层。

1. 面层纤维

这一层的纤维，有不剪的环层、已剪的断层及两者混合层。

环层结构。该类地毯适用于工业区或交通频密的地方，因为纤维密度较高，而砂石对这类地毯的渗透力弱，易于吸尘。环层结构地毯亦较耐用。

断层结构。是将环层的尾部剪去，形成每条纤维独立在支持层上，适用于一般住所或交通较疏的地方，耐用程度视乎纤维密度而定，对砂石的抗拒力较弱，但感觉上较柔软。

混合层结构。混合层结构结合了断层结构的柔软性及环层结构的耐用性，为近期兴起的住宅地毯。若纤维的密度高，亦可用于住所的走廊等交通频密的地方。

以上的面层结构是由剪机所造成，剪去的纤维部分被吸尘机吸去，部分则留于地毯上，所以新铺的地毯通常会出现大量的毛头，这种现象在使用适当吸尘机吸去毛头后便不会出现。继续脱毛的现象只有在使用不适当的吸尘机或不正确的保养方法之下才会出现。

2. 支持层

织或钩的地毯的支持层是与面层纤维一起织或钩成的。支持层的纤维可以是麻、棉、聚酯纤维、丙二胺纤维等，织或钩的地毯不需要第二支持层。

地毯制造商目前用于制造地毯的物质，几乎全部是人造纤维，除了有限的高级地毯仍然是用羊毛以外。

下面为几种常用的地毯纤维及其特性：

(1) 丙烯酸(ACRYLIC)。1975年始用于地毯，质似羊毛而价钱适中，对摩擦及潮湿的抗拒力较弱，难于清理，湿水后极难干，油类会在表面留下永久痕迹，但对酸性溶剂及水的沉迹的抗拒力相当好，会燃烧。

(2) 尼龙(NYLON)。尼龙是1938年由杜邦化工所发明，数年后应用于地毯上，其纤维被广泛采用，质硬，对摩擦、昆虫、水渍均有较佳抗拒力，对酸性及溶剂亦有相当抗拒力，油渍若不即刻清除会留下永久痕迹。难点燃，但会燃烧熔化。

（3）聚酯（POLYESTER）。聚酯纤维在1967年被介绍给地毯制造商，其被接纳是因性质似羊毛，有多种色泽，对砂石、摩擦等抗拒力甚好，易清理，具有尼龙的部分特性。

（4）聚丙烯（PCLPROFYLENE）。聚丙烯是长链状物质，含95%的丙烯，价低，有极佳的防酸、尘及湿性，几乎完全不吸收外界物质，非常容易清理。

（5）羊毛（WOOL）。羊毛始用于公元前2000年，是一种高价的动物纤维，耐用，但因为是天然纤维，固有吸湿的倾向，一般污渍较难清除，阿摩尼亚、漂水、氯水、碱或较强的清洁剂均会对其造成伤害，但其仍代表高雅名贵，故被采用。近期已生产出不带静电的羊毛。

（三）地毯的维护保养

1. 地毯的维护

地毯比其他种类的地面更容易聚集灰尘和细菌。行人的鞋底将灰尘和沙子带到地毯上堆积起来，砂石的锐利棱角会磨坏地毯的织线，地毯很快会被磨损。

（1）地毯维护的注意事项

A. 定期检查地毯的状况决定是否需要清理

B. 检查过程中需考虑下列情况：

①污迹。

②地毯的线头，地毯高出的部分应用剪刀铰去，绝不能抽拉线头。

③小块脱落的地毯毛簇，主要是手刷地毯造成，这是危险的迹象，这种凸起的毛簇会因不正确的地毯清洗而变得脆弱或因灰尘堆积而溃散。

④修理凸起的毛簇——在凸起的毛簇上覆上一块湿布用熨斗起熨，用软刷刷熨过的毛簇，移开家具，防止长期压迫使地毯变形。

⑤角落地毯卷曲——这种情况可用一块湿布铺在地毯上，并在下面也铺一块湿布，用电熨斗压在湿布上产生热蒸汽熨平。

⑥皱纹——检查地毯上的胶垫，胶垫可防止起皱。

⑦烟痕和小洞——剪下一块备用地毯，将污点洗净并晾平，用毛线将剪下的地毯缝在损坏的地方。

（2）清洁

地毯的脏物可用扫帚清扫，使用地毯清洁器清洁，用手敲打和摇抖，用吸尘器吸尘，干洗和水洗。

①扫帚清扫——用稻草或高粱扫帚的头轻轻地扫去纸片等物，不可用力压着地毯。

②地毯清洁器——推动把手使清洁器在地毯表面滚动,不可向后拉推清洁器。

③用手敲打或者将地毯从地面提起来摇抖,如果需要用手敲打,可将地毯放在宽广的地方翻过来铺平,敲打或摇抖地毯,使地毯内的灰尘出来,然后用吸尘器吸净正反两面。

④吸尘器清洁——每周至少吸尘一次,以便将地毯内的灰尘和害虫等吸出,以防虫蚀和其他害虫损坏地毯,使地毯的毛簇矗立。餐厅和公共场所的地毯每天要吸几次尘。

⑤干洗地毯只需1~2个小时,不用封闭房间,不用使地毯全湿即可清洁地毯表面。首先吸尘一遍,用粗而软的布或者用报废的浴巾蘸上干洗剂擦洗地毯表面,要将擦布经常在干洗剂中洗几遍,不可将地毯用干洗剂浸透。

(3)地毯清洁中易遇到的问题

①在准备去掉污点之前,应分析和检测污点属于何种污迹,错误的处理方法会使污点永难除掉。

②应知道地毯的织物属于何种成分,以便选择无伤害性的去污剂,保存织物纤维的说明书或者标签,以备日后需要。

③在准备去掉地毯污迹前用去污剂或药水先在不明显的角落试一点,看地毯是否变色或褪色。

④应用冷水或温水——绝不可用热水或稀释的合成洗涤剂。

⑤清洗圈绒地毯时,用干洗剂比用水要好,并应当勤擦地毯。

2. 地毯上特殊污迹的清洁

普通污迹可用焦点起渍剂:

(1)用牙刷蘸一点苏打水刷茶迹、咖啡迹、红茶迹,然后用一块干净的抹布吸干。

(2)蜡烛渍:把干布罩上,上面喷一些水,用熨斗一熨,蜡烛渍就会溶于布上。

(3)圆珠笔渍:用小刷子蘸点酒精轻轻刷,再用块干净白布把其擦干。

(4)口唇膏渍:清洁同上。

(5)香口胶:使用香口胶除渍剂。如遇到大块香口胶,可把干冰放上去,使之硬化而失去黏力,然后用油灰铲把它铲去,剩下的污迹用酒精清除。

(6)红酒渍:先用一块干布把酒水吸干,然后撒些食盐在污渍上,两个小时以后用吸尘器吸干。

(7)烟渍:把它剪去再补上一块。

3. 保养地毯的一般守则

(1)吸尘是保养地毯的首要程序,应选用适当的滚筒吸尘机,切记吸尘的工作做得越好,要清洗地毯的次数就越少,吸尘次数越多,对地毯的保养就越好。

(2)在使用任何清洁剂时,要先试一下清洁剂对地毯的影响,以免地毯变色,切忌假设清洁剂对地毯无损。

(3)避免使用过热或过冷的水清洗地毯(洗化纤地毯可水温高)。

(4)避免使用过高的酸性或碱性清洁剂。

(5)不要将太多的清洁剂置于地毯上。

(6)不要试图一次将很脏的地方洗净,应待地毯干后再重复清洗,直至干净。

4. 保养方法简介

无论地毯是何种材料或何种结构,地毯上的污渍大致可分为五种:干砂石、尘埃;表面垃圾、纸片;藏于地毯地垫的沙砾;水溶污渍;油溶污渍。

若要延长地毯的寿命,必先要建立一套适当的清洗计划表,在保养地毯的过程中,吸尘是最重要的部分,而且占用大部分的清洁时间,起渍是视乎需要而做,通常是在吸尘后进行。任何污渍应尽快清除,日久后便会很难清除。一般来说,吸尘是根据以下条件而定:

交通非常频密的地方——每天吸尘一次;交通频密的地方——每周吸尘三次;普通地方——每周吸尘一次至两次。

5. 保养程序

(1)干粉清洗法

A. 材料及仪器

①粉状清洁剂。

②长柄刷或压粉机。

③吸尘机(滚筒式)。

B. 操作方法

①用吸尘机彻底吸尘。

②将清洁剂均匀撒于地毯上。

③用长柄刷将清洁粉末压入地毯内。

④让清洁剂留在地毯内40~50分钟。

⑤用吸尘机彻底吸尘。

C. 注意事项

①此法适用于小面积地方,属轻便清洁方法,不能用于彻底清洗地毯。

②在操作过程中,无须停止交通,有不阻碍交通的优点。

③不会令地毯过湿,无缩水的现象。

(2)罐装干泡洗法

A. 材料及仪器

①罐装干泡清洁剂。

②长柄擦或海绵擦。

③吸尘机(滚筒式)。

B. 操作程序

①彻底吸尘。

②将清洁剂在距离地毯面积2尺处喷于4×4面积的地毯上。

③将长柄擦或长柄海绵擦湿水,然后去水,以不滴水为适合。

④用擦将清洁剂擦入地毯内。

⑤待地毯完全风干后,用吸尘机彻底吸尘。

C. 注意事项

①适用于小面积地方,属轻便清洗法,不能用以彻底清洗地毯。

②需要封闭工作区,最少40分钟。

(3) 手泵喷洗法

A. 材料及仪器

①地毯清洁剂。

②手提压力泵。

③洗地机(即打蜡机)。

④棉垫。

⑤吸尘机。

B. 操作程序

①彻底吸尘。

②将清洁剂依指示注于泵内。

③将海绵垫装于洗地机上,开动洗地机,将清洁剂擦入地毯中。

④注意更换棉垫。

⑤待地毯完全风干后,彻底吸尘。

C. 注意事项

①此法适用于一般脏度的地毯,不能彻底清洗地毯。

②要控制喷洒清洁剂的分量,以免地毯过湿造成缩水或起水渍的现象。

③洗地机的走向,可以是圆形互叠或方形互叠。

④用此法洗地毯,会使地毯较湿,且须局部封闭工作区域。

(4) 干泡清洗法

① 材料及仪器

A. 干泡清洁剂。

B. 干泡机(滚筒式)。

C. 吸尘机。

D. 保护胶垫及水桶。

②操作程序

A. 彻底吸尘。

B. 将清洁剂依指示混合于水桶中,再注入干泡机内。

C. 用干泡机将清洁泡沫擦入地毯中。

D. 干泡剂的走向是方形互叠法。

E. 待地毯完全风干,然后再彻底吸尘。

③注意事项

A. 适用于任何脏度的地毯上。

B. 封闭工作区的时间比较短,不会使地毯过湿。

C. 当停下干泡机时,应立即将机器移开地毯或用保护胶垫垫于机底以保护地毯。

(5) 盘形干泡清洗法

①材料及仪器

A. 干泡清洁剂。

B. 干泡机。

C. 洗地机。

D. 软尼龙擦。

E. 吸尘机。

F. 胶质保护垫及水桶。

②操作程序

A. 彻底吸尘。

B. 将清洁剂依指示混合于水桶内,然后注入干泡机内。

C. 将干泡机置于洗地机上。

D. 用干泡机将干泡清洁剂均匀擦入地毯中。

E. 机器的走向是由左上角开始向右做圆形互叠,同时放下清洁剂至10尺左右,停止清洁,将机推回左面,向下推一行,再以圆形互叠法向右推。上行与下行间应互叠约5寸。

F. 待地毯完全风干后,彻底吸尘。

③注意事项

A. 适用于任何脏度的地毯。

B. 需要技术人员操作,以避免留痕或过湿。

C. 洗地机不能太大或太细。

D. 机洗过于频密会使地毯毛发硬或松散,必要时应以长柄刷梳理。

E. 当停下机器时,应立即移离毯面或放下保护垫。

F. 需较长工作时间。

(6) 盘形湿洗法

① 材料及仪器

    A. 洗地机。

    B. 软尼龙刷。

    C. 吸尘机。

    D. 保护胶垫及水桶。

② 操作程序(与盘形干泡洗法同)。

③ 注意事项(与盘形干泡洗法同)。

(7) 冻水冲洗法

① 材料及仪器

    A. 冻水抽洗机。

    B. 地毯清洁剂。

    C. 吸尘机及水桶。

② 操作程序

    A. 用冷水依指示混合清洁剂于水桶中。

    B. 彻底吸尘。

    C. 开着机器,直线拖动至适当长度。关闭喷水器,在原线上拖动以吸去多余水分。

    D. 移至另一行,重复上述动作。

    E. 待地毯完全干透,彻底洗尘。

③ 注意事项

    A. 需技术人员操作,以免地毯过湿。

    B. 适用于任何脏度的地毯上。

    C. 每年不宜用此法超过两次。

(8) 热水抽洗法

此法与上述方法完全相同,唯其使用热水,故若使用不当,危害甚于冻水。

四、墙面的清洁与保养

与地面材料一样,墙面的装潢也是日新月异,装饰材料品种日益繁多。因为墙可能首先进入人的视线,它的好坏直接影响客人对饭店的印象和评价,因此,饭店投入大量资金用于墙面的装饰,以使饭店更具特色和吸引力。

(一) **硬质墙面的保养**

硬质墙面与硬质地面有许多近似的性能。常用的有瓷砖墙面和大理石墙面。

作为墙饰面的瓷砖都施釉,且花形图案多样。一般大理石多做大厅饰面材料,瓷砖多为厨房、客房、卫生间的饰面材料,主要是因为它有防水、防污、防火性能及一定的装饰性能。

硬质墙面与硬质地面的保养有所不同。因为墙饰面摩擦少,主要是灰尘、水珠等浅垢,如在大厅,则主要是灰尘。清洁保养方法是每天掸去表面浮灰;定期用喷雾蜡水清洁保养。该蜡水既具有清洁功效,又会在面层形成透明保护膜,更方便了日常清洁。如是卫生间的墙面,则应定期使用碱性清洁剂清洁,洗后一定要用清水洗净,否则时间一久,会使表面失去光泽。

(二)贴墙纸墙面的保养

贴墙纸是目前应用最广的墙面饰材,主要被用于客房、会议室和一些餐厅。

所有贴墙纸墙面的正常保养是定期对墙面进行吸尘清洁,将吸尘器换上专用吸头即可。日常发现特殊脏迹要及时擦除。方法是:对耐水墙纸可用中、弱碱性清洁剂和毛巾或牙刷擦洗,洗后用干毛巾吸干即可;对于不耐水墙面可用干擦法,如可用橡皮等擦拭,或用毛巾蘸些清洁剂拧干后轻擦,总之要及时清除污垢,否则时间一长即会留下永久斑迹。

(三)软面墙面的保养

软面墙面是用锦缎等浮挂墙面,内衬海绵等,故称软面墙面。该墙面的装饰效果、织物所具有的独特质感和触感,以及其别致的色贴方法,是其他任何墙饰面所无法比拟的。它具有温暖感,格调高雅、华贵,立体感强,吸音效果好等特点,是高档客房的理想饰料。

软面墙面的保养主要是吸尘,可定期进行。如能保持房间相对湿度,则不会有太大的清洁保养难度。因为软饰面被衬海绵等填充物,水擦后不易干透,甚至会留下较明显水斑,故不能经常用清洁剂洗擦脏斑,因此,宜在一米以下处用木板墙贴面,一米以上处用软墙饰。这样既能增强装饰效果,又方便了清洁保养。

(四)木质墙面的清洁保养

木质墙面有微薄木贴面板和木纹人造板两种,常被用于大厅、会议室、餐厅、客房的装饰。木质墙面平时可用拧干的抹布除尘除垢。定期上家具蜡可减轻清洁强度。对于破损处则需维修人员修复上漆。

(五)涂料墙面的保养

涂料可分为溶剂型涂料、水溶性涂料和乳胶漆涂料三种。溶剂型涂料生成的涂膜细而坚韧,有一定的耐水性,缺点是有机溶剂较贵、易燃,挥发后有损于人体健康。水溶性涂料是以水溶性合成树脂为主要成膜物质,会脱粉。乳胶漆涂料是将合成树脂以极细微粒分散于水中构成乳液(加适量乳化剂)。作为主要成膜物质,其效果介于前两种涂料之间,其色泽千变万化,价格较低,不易燃,无毒,无怪味,也有一定的透气性。缺点是天气过分潮湿时会发霉。这种墙料因施工简单,色彩变化大,客房仍可使用,若每年粉刷一次,会有意想不到的效果。

涂料墙面的日常清洁是掸尘。墙面一出现霉点即用干毛巾擦拭。橡皮是较好的除斑用具,但需掌握技巧,否则同样会留下擦痕。

第四节　清洁设备与清洁剂

一、清洁设备

(一) 清洁设备的分类

必要的清洁设备既是文明操作的标志,也是质量和效率的保证。客房部所用的清洁设备种类很多,从广义上讲,是指从事清洁工作时所使用的任何器具,既有手工操作的、简单的工具,也有电机驱动的、特殊的机器。为了便于使用和管理,可把清洁设备分为两大类:一般清洁器具和机器清洁设备。

1. 一般清洁器具

一般清洁器具,包括手工操作和不需要电机驱动的清洁器具两大类,主要有:

(1)扫帚。主要用于扫除地面那些较大的、吸尘器无法吸走的碎片和脏物。根据其用途、形状和制作材料的不同,可以分为很多种。

(2)簸箕。用于撮起集中成堆的垃圾,然后再倒入垃圾容器的工具。可分为单手操作、三柱式和提合式三种。

(3)拖把。用布条束或毛线束安装在柄上的清洁工具。现在大多数装有环扣以免束带脱落;而且都由尼龙绳制成,以避免发霉和腐烂。所有的拖把头都应可以拆卸,以便换洗。拖把较适用于干燥平滑的地面,其尺寸大小取决于地面和家具陈设等。

(4)尘拖。尘拖,也称万向地拖,是拖把的进一步发展。尘拖由两个部分构成:尘拖头、尘拖架。尘拖头有棉类和纸类两种。尘拖主要用于光滑地面的清洁保养工作,它可将地面的沙砾、尘土等带走以减轻磨损。为了使尘拖效果更好,往往还要蘸上一些洗尘剂或选用可产生静电的合成纤维制作的推尘头。

尘拖头的规格应根据地面的情况而选用。拖头必须经常换洗以保证清洁效果和延长其使用寿命。用牵尘剂(静电水)浸泡过的棉类拖头,除尘效果更好。

(5)房务工作车。房务工作车是客房卫生班服务员清扫客房时用来运载物品的工具车。有的饭店还配备了不同类型的房务工作车,如女服务员工作车、棉织品车、男服务员工作车等。另外,还有专为运送垃圾桶、家具等设计的辘轴车,以及一些钢制和木制的用于搬运箱子的手推车和运输大件物品的平台车。

(6) 玻璃清洁器。擦玻璃是一项费时费力的工作,如果使用玻璃清洁器则可提高工效,而且安全可靠、简便易行。玻璃清洁器主要由长杆、"T"形把和其他配件构成。

2. 机器清洁设备

机器清洁设备,一般指需要经过电机驱动的器具,如吸尘器、吸水机、洗地机、洗地毯机、打蜡机等。在饭店的清洁过程中,使用的大部分机械都是电动机械,这是因为电动机械一不污染环境,二使用灵便,三效率甚高。

(1) 吸尘器

吸尘器全称为电动真空吸尘器,它是一个由电动机带动的吸风机,即利用马达推动扇叶,造成机身内部的低压(真空),通过管道将外界物品上附着的灰尘吸进机内集尘袋中,达到清洁的目的。

吸尘器应用范围很广,包括地板、家具、帐帘、垫套和地毯等。吸尘器不但可以吸进其他清洁工具不能清除的灰尘,如缝隙、凹凸不平处、墙角以及形状各异的各种摆设上的尘埃,而且不会使灰尘扩散和飞扬,清洁程度和效果都比较理想。吸尘器是饭店日常清扫中不可缺少的清扫工具。

(2) 洗地毯机

洗地毯机工作效率高,省时省力,节水节电。机身及配件用塑料玻璃和不锈钢制成。洗地毯机一般采用真空抽吸法,脱水率在70%左右,地毯清洗后会很快干燥。洗地毯机可清洗纯羊毛、化纤、尼龙、植物纤维等地毯。

(3) 吸水机

吸水机外形有筒形和车厢形两种,机身由塑料或不锈钢材料制成,分为固定型和活动型两种。吸水机的功能是:用洗地毯机洗刷后,地毯表面比较干净,但洗刷后的污水及残渣仍深藏在地毯根部,在地毯上容易形成脏污并使它失去弹性。如果用吸水机对刷洗后的地毯进行抽吸,任何顽固的残渣都能被彻底抽除,因为吸水机一般均装有两个真空泵,吸力特别大。

另外,还有吸尘吸水两用机,又称干湿两用吸尘器,此类机器既可用来吸尘,清理地板、家具和窗帘,又可以用来吸水。

(4) 洗地机

洗地机又称擦地吸水机,它具有擦洗机和吸水机的功能。洗地机装有双马达,集喷、擦、吸于一身,可将擦地面的工作一步完成,适用于饭店的大厅、走廊、停车场等面积大的地方,是提高饭店清洁卫生水平不可缺少的工具之一。

(5) 高压喷水机

这种机器往往有冷热水两种设计,给水压力可高达20~70公斤/平方厘米。一般用于垃圾房、外墙、停车场、游泳池等处的冲洗,也可以加入清洁剂使用。附有加热器的喷水机水温可高达沸点,故更适合于清除油污场所。

(6)打蜡机

打蜡机有单刷、双刷及三刷机。以单刷机使用最广。单刷机的速度分为慢速(120~175转/分)、中速(175~300转/分)、高速(300~500转/分)和超高速(1000转/分)。其中,以慢速及中速较适合于擦洗地板用,高速则用于打蜡及喷磨工作。

(二)清洁设备的选择

清洁设备的管理是客房管理的一个重要组成部分。它不仅关系到客房的经济效益,而且是保障客房部清洁卫生工作顺利进行的一个基本条件。

清洁设备选择的重要性,一是因为不少清洁设备的投资比较大,使用的周期长;二是清洁设备的选择是否得当对于客房部的清洁保养能力和效果具有不可忽视的制约作用。每一家饭店都应根据自己饭店的等级和规模,以及清洁保养要求和经费预算等,做出购买设备或转让承包的决策。一旦需要购买,客房部管理者必须参与其间,对设备做出分析并提出购买的基本原则。

1. 方便性和安全性

清洁设备属于饭店生产性和服务性的设备,因此,要以可以提高工作效率和服务质量,有利于职工的操作为原则。清洁设备操作方法要简单明了,易于掌握,同时具有一定的机动性,便于清洁死角和最大限度地减少职工的体力消耗。

安全是设备操作的基本要求。设备的选择和购买要求考虑是否装有防止事故发生的各种装置。例如,电压是否相符,绝缘性怎样,是否有相应级数的过滤装置,旋转设备的偏转力矩有多大,有无缓冲防撞装置,等等。

2. 尺寸和重量

设备的尺寸和重量会比较大地影响到工作的效率和机动性,甚至关乎设备的保护,如吸尘器在房间使用以选择吸力式为佳。

3. 使用寿命和设备保养要求

清洁设备的设计应便于清洁保养和配有易损件,这样会相应地延长其使用寿命。设备应坚固耐用,设计上要考虑偶尔使用不当时的保护措施。电动机功率应足以适应机器的连续运转并有超负荷的装置。

4. 动力源与噪声控制

客房部要负责饭店公共区域的清扫工作,因此在选择清洁设备时应考虑用电是否方便,据此确定是否选用带电瓶或燃油机的设备。同时,由于电机设计和传动方式等不同,其噪声量有所不同,针对客房区域的环境要求,应尽可能地选用低噪声设备。

5. 单一功能与多功能

单一功能的清洁设备具有耐用和返修率低等特点,但会增加存放空间和资金占用。如果要减少机器件数,可选用多功能设备和相应的配件。但是多功能设备由于使用率高,返修率和修理难度也高,这就要解决好保养和维修诸问题。

6. 价格对比与商家信誉

价格比较不仅要看购买时的价格,还应包括售后服务的价格和零部件修配的可靠性等。质量上乘的产品往往来自一流的厂家和供应商,所以在购买前应对他们的信誉作充分的了解。另外,机器设备的调试与试用等,也是选择清洁设备时应考虑的因素。

(三)清洁设备的日常管理

1. 建立设备档案

不管是客房设备还是清洁机器,一旦划归客房部管理和使用,就必须登记、建立档案。这是做好客房清洁设备管理的基础。

2. 分级归口,制定操作和维修保养规程

建立设备档案后,客房部应按业务单元分级,划片包干,按种类归口,将清洁设备的管理和使用层层落实,谁使用谁保管。

二、清洁剂

使用清洁剂的目的是提高工作效率,使被清洁物品更干净、更美观,进而延长其使用寿命。但是,清洁剂和被清洁物品都有较复杂的化学成分和性能,使用不当不仅达不到预期效果,相反会损伤物体。

(一)清洁剂的种类与用途

目前,饭店常用的清洁剂大致有以下几种:

1. 酸性清洁剂(pH<7)

(1)盐酸(pH=1)。主要用于清除建筑时留下的水泥、石灰斑垢。效果明显。

(2)硫酸钠(pH=5)。可与尿碱中和反应,用于清洁卫生间便器,但要量少且不能常用。

(3)草酸(pH=2)。用途同上述两种清洁剂,只是效果更强于硫酸钠。

上述三种酸性剂客房部可少量配备,用于计划卫生或清除尘垢,但需妥善管理和使用。使用前必须将清洁剂稀释,不可将浓缩液直接倒在瓷器表面,否则会损伤被清洁物品和使用者的皮肤。

(4)恭桶清洁剂(呈酸性,pH=1~5,但含合成抗酸性剂,安全系数增加)。主要用于清洁客厕和卫生间便器,有特殊的洗涤除臭和杀菌功效。要稀释后再行分配使用。在具体操作时,必须在抽水马桶和便池内有清水的情况下倒入数滴,稍等片刻后,用刷子轻轻刷洗,再用清水冲洗。因此,住客房使用弱酸性的清洁剂,而走客房用马桶清洁剂,既保证卫生清洁质量,又缓解了强酸对瓷器表面的腐蚀。

(5)消毒剂(5<pH<9)。主要呈酸性,除了作为卫生间的消毒剂外,还可用于消毒杯具,但一定要用水漂净。

2. 中性清洁剂(pH≈7)

(1)多功能清洁剂。pH 值为 7～8,略呈碱性,主要含表面活性剂,可祛除油垢,除不能用来洗涤地毯外,其他地方均可使用,不仅很少损伤物体表面,还具有防止家具生霉的功效。原装均为浓缩液,使用前要根据使用说明进行稀释,再擦拭家具,便可祛除家具表面霉变的污垢、油脂化妆品等。为饭店用量最大的一种清洁剂,宜用于日常卫生,但对特殊污垢作用不大。

(2)洗地毯剂。这是一种专用于洗涤地毯的中性清洁剂。因含泡沫稳定剂的量不同,又分为高泡沫和低泡沫两种。低泡沫一般用于湿洗地毯,高泡沫用于干洗地毯。低泡沫清洁剂宜用温水稀释,去污效果更好。

3. 碱性清洁剂(pH>7)

(1)玻璃清洁剂(pH=7～10)。有液体的大桶装和高压的喷装两种。前者类似多功能清洁剂,主要功效是除污斑。后者内含挥发溶剂、芳香剂等。可祛除油垢,用后留有芳香味,虽价格高,但省时、省力、效果好,使用后会在玻璃表面留下透明保护膜,更方便了以后的清洁工作。前者在使用时需装在喷壶内对准脏迹喷一下,然后立刻用干布擦拭,可光亮如新。

(2)家具蜡(pH 值≈8～9)。形态有乳液态、喷雾型、膏状等几种。在每天的客房清扫中,服务员只是用湿润抹布对家具进行除尘,家具表面的油迹污垢不能祛除。对此,可用稀释的多功能清洁剂进行彻底除垢,但长期使用会使家具表面失去光泽。家具蜡内含蜡(填充物)、溶剂(除污垢)和硅铜(润滑、抗污),可祛除动物性和植物性的油污,并在家具表面形成透明保护膜,防静电、防霉。因其有双重功能,即清洁和上光,所以使用方法是:先将蜡倒一些在干布或家具表面上擦拭一遍,以清洁家具。约15分钟后,再用同样的方法擦拭一遍,进行上光,两次擦拭效果极佳。

(3)起蜡水(pH=10～14)。用于需再次打蜡的大理石和木板地面,强碱性可将陈蜡及脏垢浮起而达到去蜡功效。由于碱性强,起蜡后一定要反复清洗地面后才能再次上蜡。

4. 上光剂

(1)省铜剂(擦铜水)。为糊状,主要原理是氧化掉铜表面的铜锈而达到光亮铜制品的目的。只能用于纯铜制品,镀铜制品不能使用,否则会将镀层氧化掉。

(2)金属上光剂。含轻微磨蚀剂、脂肪酸、溶剂和水。主要用于铜制品和金属制品,像锁把、扶手、水龙头、卷纸架、浴帘杆等,可起到除锈、除污、上光之功效。

(3)地面蜡。有封蜡和面蜡之分。封蜡主要用于第一层底蜡,内含填充物,可堵塞地面表层的细孔,起光滑作用,好的封蜡可维持 2～3 年。面蜡主要是打磨上光,增加地面光洁度和反光强度,使地面更为美观。封蜡和面蜡又分为水基和油基两种,水基蜡主要用于大理石地面,油基蜡主要用于木板地面。蜡的形式有固态、膏态、液态三种,较常用的是后两种。

5. 溶剂

溶剂为挥发性液体,常被用于祛除油污,又可使怕水的物体避免水的浸湿。

(1) 地毯除渍剂。专门用于清除地毯上的特殊斑渍,对怕水的羊毛地毯尤为合适。有两种:一种专门清除果汁色斑,一种专门清除油脂类脏斑。清洁方法是用毛巾蘸除渍迹(也有喷灌装的),在脏斑处擦拭。发现脏斑要及时擦除,否则效果较差。

(2) 酒精。主要用于电话机消毒(必须是药用酒精)。

(3) 牵尘剂(静电水)。浸泡尘拖,对免水拖地面,像大理石、木板地面进行日常清洁和维护,除尘功效明显。具体操作时,应先将尘拖头洗干净,然后用牵尘剂浸泡,待全干后再用来拖地,效果才好。

(4) 杀虫剂。指喷灌装的高效灭虫剂,如"必扑"、"雷达"等。对房间定时喷射后密闭片刻,可杀死蚊、蝇和蟑螂等爬虫和飞虫。这类杀虫剂由服务员使用,安全方便,但对老鼠等害虫则应请专业公司或个人承包,或购买专门用于灭鼠的药粉等。

(5) 空气清新剂。品种很多,不一定都是溶剂型,兼具杀菌、祛除异味、芳香空气的作用。香型种类很多,但产品质量差距很大。辨别质量优劣的最简单的方法就是看留香时间的长短,留香时间长的好。香型选择要考虑适合大众习惯。

(二) 清洁剂分配控制

合理分配清洁剂既能满足清洁需要,又能减少浪费。清洁剂的分配最好由一名主管或领班专门负责,在每天下班前对楼层进行补充,每周或每半个月对品种和用量进行盘点统计。通常,用量的多少与客房出租率的高低有关,对例外情况的额外补充应作详细记载。对于用量大、价格也比较便宜的,像多功能清洁剂和马桶清洁剂,买回时多用大桶装,分发工作量虽然大,但管理方便。对于用量难以控制、价格又比较高的清洁剂,像家具蜡、玻璃清洁剂(罐装)、空气清新剂和金属擦拭上光剂等,管理难度相对大些,而且流失量大,损失也大,对此一定要严格控制分配。例如,可凭经验或做试验,测算一瓶可以用多久,可用多少房间等。以此作为标准来控制分配。或者采用必须以空瓶换新瓶的办法来进行有效控制,以减少不必要的流失和浪费。

(三) 清洁剂的安全管理

高压罐装清洁剂、挥发溶剂清洁剂,以及强酸、碱清洁剂都是不安全因素。前两者属易燃易爆物品,后者会对人体肌肤造成伤害,若管理不当均有一定的危险性。所以,在管理中需注意以下几点:

(1)制定相应的规章制度,培训服务员掌握使用和放置清洁剂的正确方法。平时注意检查和提醒服务员按规程进行操作。

(2)必须使用强酸和强碱清洁剂时,先做稀释处理,并尽量装在喷壶内,再发给服务员。

(3)配备相应的防护用具,如合适的清洁工具、防护手套等。

(4)禁止服务员在工作区域吸烟。严查严罚,以减少危害源。

总之,购买货真价实的清洁剂,减少浪费,保证安全使用,是清洁剂管理工作的目的。

第五节 创建"绿色客房"活动

1992年6月,联合国在里约热内卢召开了"联合国环境与发展大会",并通过了《21世纪议程》,标志着世界进入了"保护环境,崇尚自然,促进可持续发展"的绿色时代。

1993年,由世界11个著名的饭店管理集团组成的一个委员会召开了旅馆环境保护国际会议,并出版了《旅馆环境管理》一书,从那时起,世界各地掀起了一股创建绿色饭店的浪潮,并迅速波及到旅游饭店业正蓬勃发展的中国。

一、创建绿色饭店的意义

(一)绿色饭店

1. "绿色"的含义

"绿色"在这里并非单指颜色,而是指人类生存的环境(包括自然环境和社会环境)通过有效的保护,达到生态环境保护标准、无污染的标志。

2. 绿色饭店的概念

绿色饭店是指那些为宾客提供的产品与服务符合充分利用资源、保护生态环境和对人体健康无害的饭店。从可持续发展角度而言,绿色饭店就是指饭店业的发展必须建立在生态环境的承受能力之上,符合当地经济发展状况和道德规范,既满足当代人的需要,又不对后代构成危害。

(二)创建绿色饭店的意义

1. 创建绿色饭店,符合社会利益

绿色饭店在经营过程中为客人提供的所有产品和服务,都注重充分利用物资、尽量降低能耗和减少对环境的污染,为社会和经济的可持续发展做出贡献。

2. 创建绿色饭店,符合饭店利益

近几年来,我国大多数饭店经营步履维艰,一些饭店入不敷出。在这种情况下,如何在经营中节能、降耗、减少开支,以提高经济效益,就越来越受到经营者的关注。尽管为创建绿色饭店需要进行一些投资,但从长远看,仍能达到饭店提高经济效益的目的。因为,根据创建绿色饭店的要求,结合各饭店具体环境因素分析,一定会制定出各项控制环境污染、合理使用能源、减少物料消耗、降低成本的措施,只要不折不扣地执行,就一定能提高经济效益。

3. 创建绿色饭店,有利于提高管理水平

许多饭店往往只重视营销和前台服务的管理,而忽视对设备设施、物资消耗的管理,造成能源、物资的严重浪费,导致饭店经营成本过高。而通过创建绿色饭店,可以促使饭店克服上述薄弱环节,提高管理水平。

4. 创建绿色饭店,有利于满足绿色消费

由于人们环保意识的增强,绿色消费逐渐深入人心。据西方发达国家的统计,90%的美国人在购买商品时关心的是是否为绿色产品。另外,推出绿色产品还能满足顾客的猎奇心理。这些均顺应了消费新趋势,利于饭店扩大市场份额。

5. 创建绿色饭店,有利于提高环保意识

饭店作为一个国家、城市的对外窗口,对提高整个社会的文明程度具有很大的影响。"创绿"是一个全员活动,需要员工与客人共同参与,这必将提高全社会的环境保护意识,实现社会的可持续发展。

二、创建"绿色客房"的具体措施

客房作为饭店的最重要产品之一,在创建绿色饭店的工作中占有非常重要的地位。被国内外专家一直认同的"6R"原则同样适用于创建绿色客房。

(一)"6R"原则在绿色客房中的具体应用

1. Reducing 减量化原则

比如,减少客用品不必要的包装,减少不必要客用品的供应量,减少布件的洗涤次数,降低洗澡用热水的温度(控制在45℃左右即可),采用节水装置等。

2. Reusing 废物利用原则

比如将报废的床单改成抹布、枕套、小床单等,提高其利用率。

3. Recycling 循环利用原则

将客房中一些废旧物资、设备送往回收站,进行回收再生利用。

4. Replacing 替代使用原则

比如,用天然棉麻布件替代化学纤维含量较高的布件,用布袋代替塑料洗衣袋等。

5. Repairing 维修再用原则

加强客房设备设施的维修保养,在饭店允许的折旧年限内,尽可能延长使用寿命,对某些设施设备的备件应考虑其延伸使用。

6. Refilling 添加使用原则

对客房中的洗发液、洗浴液等使用可添加液体的容器盛放,减少包装物的无效耗用。

当然,在实施以上这些做法的同时,一定要记住一个重要的前提,即必须尊重客人的意愿,引导而不是强制,不影响设备用品的使用效果,不降低服务质量。这些做法可以通过在客房或饭店公共区域放置告示牌或提示卡的形式使客人知晓。

(二)某些告示性信息样本

1. 客房中的提示卡

尊敬的宾客(Dear guest):

为了您的健康,我们为您准备了符合国际环保要求的"绿色客房",它将为您创造更为理想的居住环境。(For the purpose of reducing the environment pollution, we'd like to recommend you to stay in our "green floor".)

在您居住的"绿色客房"里,我们将按国际环保组织的要求减少一次性用品的消耗和棉织品的洗涤次数,希望得到您的理解和支持。(In the rooms of the green floor, smoking is strictly forbidden. Environment – friendly and recyclable products replaced some plastic ones, the detergent for laundry washing is also reduced to the minimum.)

谢谢您的合作!让我们携手共同爱护我们的家园!(Let's boost our effects in improving the environment! Thank you very much!)

2. 员工环保须知

(1)节约用电:随手关灯,合理控制设备开关。

(2)节约用水:一水多用。能开小,不开大。不用时要关紧。不用长流水洗涤物品。

(3)提前将冰冻食品解冻。

(4)保护水源:尽量减少油脂排入下水道。尽量用肥皂,不用清洁剂。不向水体倾倒垃圾、废弃物。

(5)珍惜纸张:正反面使用,使用再生纸,采用绿色简易包装,不送贺年片。

(6)不浪费食品:珍惜粮食,适量点菜,剩菜打包,余酒代存。

(7)使用无磷洗衣粉。

(8)收集废电池。

(9)使用无公害物品:少备一次性物品,不用一次性筷子;自备布袋子、菜篮子;不用不可降解的塑料制品。

(10)保护野生动物:拒食野生动物,不饲养野生动物,拒用野生动物制品。

(11)文明旅游:除了脚印,什么也别留下;除了照片,什么也别带走。

本章小结

1. 清洁保养作为客房部的主要工作,为保持一家饭店应有的水平提供了重要保证。

2. 客房的清洁整理工作是客房部日常经营管理的重中之重。这项工作的好坏不仅反映了饭店的管理水平,更体现了客房商品的价值所在。

3. 公共区域在饭店中包括了很大范围,到饭店来的客人只有40%会成为住店客人,另外的60%只是一些过客。一家饭店公共区域的清洁保养水平成为上述这些客人评价一家饭店的重要依据。同时,饭店中各种不同材质的地面、墙面需要使用不同的清洁保养方法,作为一名现代饭店的客房服务人员,掌握这些方法是十分必要的。

4. 随着整个社会环保意识的增强,人们对饭店能否提供一个健康、舒适的住宿环境有了更多和更高的要求,绿色饭店和绿色客房应运而生,并成为当今饭店业的潮流。

 思考与练习

1. 清洁保养的概念是什么？如何理解清洁和保养的关系？
2. 客房服务标准化的内容有哪些？
3. 客房清扫前应做好哪些方面的准备工作？
4. 清扫客房的过程中应注意哪些细节问题？
5. 客房卫生检查制度中的三级责任制是指什么？各有哪些作用？
6. 公共区域的清洁保养有哪些特点？
7. 公共区域的日常清洁包括哪些内容？
8. 运用学校现有的清洁设备练习各种地面的清洁保养方法。
9. 不同的墙面材料在清洁保养中应注意哪些问题？
10. 公共区域清洁卫生质量的控制方法有哪些？
11. 清洁剂的种类及各自的用途有哪些？
12. 创建"绿色客房"有哪些主要措施？

第五章 客房部门资产管理和成本控制

课前导读

如本书第一章中所述,客房部是饭店中创利率最高的部门之一,但是要达到这样的目的就不能忽视对客房成本的控制与资产管理。良好的成本控制与资产管理不仅是饭店客房部的主要工作之一,更是确保客房部获得预期利润的重要保证。

教学目标

- 了解客房设施设备的种类、配备的基本要求
- 了解客房成本费用的构成
- 掌握客房设施设备的日常管理方法
- 掌握编制预算的基本方法
- 会运用有关方法分析各种经营指标

第一节 客房设备的管理

客房的设备和物品是体现饭店等级水平的重要方面,只有使各种设备、物品始终处于齐备、完好状态,才能满足客人的需要,保证客房服务质量。同时,客房部应根据预测的客房出租率及本部门各种费用、支出及物品耗用量的历史资料,科学地制定房务预算。房务预算包括:客房修理、改建、更新、内装饰及家具、设备的预算;购置布件及制服、客房供应品、清洁工具及用品等的预算。预算制定后,一旦经总经理核准,客房部应严格将本部门的各种费用、支出控制在预算之内。为此,客房部经理要严格审核本部门物资、设备、用品的管理制度,明确各级人员在这方面的职责,合理使用物资,对设备进行认真的保养和维修,在满足客人使用、保证服务质

量的前提下，努力降低成本，减少支出。

客房部门的设备主要包括客房设备和清洁设备两大类。客房设备管理的内容，主要包括设备的合理选择、设备的日常管理以及设备的更新改建。

一、客房设备的分类和选择

（一）客房设备的分类

客房设备主要包括家具、电器、洁具、安全装置及一些配套设施。

1. 家具

家具是人们日常生活中必不可少的主要生活用具。客房家具从功能上划分，有实用性家具和陈设性家具两大类，其中以实用性家具为主。客房使用的家具主要有：卧床、床头柜、写字台、软座椅、小圆桌、沙发、行李架、衣柜等。客房木质家具要严防受潮暴晒，平时应经常用干布揩擦，并定期喷蜡。

2. 电器设备

客房内的主要电器设备有：

（1）照明灯具。客房内的照明灯具主要有门灯、顶灯、地灯、台灯、吊灯、床头灯等，它们既是照明设备，又是房间的装饰品。平时要加强照明灯具的维护和保养，要定期检修，确保使用和安全。

（2）电视机。电视机是客房的高级设备，可以丰富客人的生活。电视机不应放在光线直射的位置，每天清扫房间时，要用干布擦净外壳上的灰尘，并要定期检修。

（3）空调。空调是使房间一年四季都保持适当的温度和调换新鲜空气的设备。各客房的墙面上都有空调旋钮或开关，分"强、中、弱、停"四挡。平时要保持风口的清洁，并定期检修。

（4）音响。一般在床头柜内安装音响装置，供客人收听有关节目或欣赏音乐。床头柜上还装有电视机、地灯、床头灯的开关，以及传唤服务员的按钮等。这些装置均需定期检修。

（5）电冰箱。为了保证饮料供应，有些客房内设有小酒吧，在冰箱内放置酒品饮料，客人可根据需要随意饮用。电冰箱要定期除霜，并根据季节调整温度。

（6）电话。房间内一般设两架电话机，一架放在床头柜上，另一架装在卫生间。这样，客人就不会因在卫生间而影响接电话。每天要用干布擦净电话机表面的灰尘，话筒要每周用消毒水消毒一次，并定期检修。

3. 卫生设备

卫生间的设备主要有洗脸台、浴缸、坐厕等。洗脸台上一般装有面镜。浴缸边上有浴凳、浴帘，下面铺有胶皮防滑垫，有冷、热水龙头和淋浴喷头。饭店里一般有恒温器,能自动供热水;还有手纸架、毛巾架及通风设备等。洗脸台、浴缸、坐厕要清洁消毒,保持干净。水龙头、淋浴喷头和水箱扳手等金属设备每天要用布擦净、擦亮。要定期检修上、下水道和水箱,以免发生下水道堵塞和水箱漏水的情况。

4. 安全装置

为了确保宾客的生命、财产安全,预防火灾和坏人肇事,客房内一般都装有烟雾感应器,门上装有窥镜和安全链,门后张贴安全指示图,标明客人现在的位置及安全通道的方向。楼道装保安电视,可以监视楼层过道的情况。客房及楼道还装备自动灭火器,一旦发生火灾,安全阀即自动熔化,水从灭火器内自动喷出。安全门上装有昼夜明亮的红灯照明指示灯。凡属防火、防盗的安全设施应经常检修保养,以免因损坏或失灵造成严重后果。

(二) 客房设备的选择

客房部的设备主要包括两大类,即清洁设备和客房设备。客房设备主要包括家具、电器、卫生洁具及一些配套设施。客房设备选择的基本原则是:技术上先进,经济上合理,符合饭店的档次,适应客人的需要,有利于提高工作效率和服务质量。

1. 档次性和实用性相结合

现代客房设备的购置、更新要根据经济合理的原则,选择与饭店的档次相适应,并在同类级别饭店中较为先进和良好的设备。设备等级低,影响饭店档次;设备等级高,影响经济效益,均不可取。以空调器为例,窗式空调器既耗电,噪声又大,就不宜作为客房设备。在不具备安装中央空调的条件下,选择壁挂式空调器为好。有的饭店为了争取上星级,但资金又有困难,于是购买高星级饭店已废弃的窗式空调作摆设,这是不足取的。

选择设备还要考虑实用性。凡是直接或间接为客人享用的设备,要以满足客人的生活需要为主,同时提供相应的享受成分。而生产性、服务性设备,要以提高工作效率和服务质量为主,既要便利员工操作,又要考虑宾客使用方便和耐用。

2. 针对性与协调性相结合

根据客房的不同等级和服务项目,选择不同的设备。例如,总统套房、标准间、经济间的设备就应分档次配备,这就是针对性。

设备的大小、造型、外观色彩、质地等,必须与客房相协调,整个房间应有一个统一的主色调。如果整个房间陈设布置对比反差太大,花花绿绿的,会给人一种东拼西凑之感。另外,某一用途的设备要自身配套。如果房间地面铺设地毯,与之相配套的应有浴帘、地巾、吸尘器等,否则地毯的保养就成了问题。

3. 节能性与安全性相结合

设备的选择要考虑节能效果。电热水瓶、电热淋浴器等虽然使用方便而且美观,但耗电量太大,对大多数饭店来说是应该放弃的。方便性也是节能性的表现,如清洁设备要选择使用简便、易于维修保养、工作效率高的,而不提倡选择多用途设备。

安全是住店客人的基本要求。设备的选择和购置要考虑是否具有安全可靠的特性及装有应急设施。例如,家具饰物的防火阻燃性、冷热水龙头的标志、电器设备的自我保护装置,甚至包括防滑、防静电、防碰撞、防噪声污染的要求,等等。此外,商家有无售后服务也是设备安全的重要保证。

二、客房设备的使用与管理

(一)客房设备的使用

客房设备的使用,主要涉及员工与客人两方面。

客房部要加强对职工的技术培训,提高他们的操作技术水平,懂得客房部设备的用途、性能、使用方法及保养方法。

客房的设备是以租借形式供客人使用的。为了使在用设备件件完好,客房服务人员在引领客人进房时,须按照服务规程介绍客房设备的性能和使用方法。客房服务员要按规程对客房设备进行日常的检查与维护保养,发生故障要及时和有关部门联系进行修理。如遇宾客损坏设备,要分清原因,适当索赔。同时,要培养客房服务人员爱护设备的自觉性和责任心,鼓励职工不仅要高质量、高水平地搞好服务接待工作,而且要高质量、高水平地把客房设备保养好、管理好。

(二)客房设备的资产管理

客房部要对本部门的设备情况有明确的了解,正确掌握设备调进、调出和使用状况,就有必要进行设备管理。

设备作为一个经济概念,可分为固定资产和低值易耗品。它在性能上也有各种不同的用途,因此要按一定的分类法,进行分类编号,使每件设备都有分类号,以便加强管理。

建立设备档案制度,由设备部门建立设备档案、设备卡片。当客房部得到设备后,也要建立设备卡片,与设备部门、财务部门的档案相一致,以便核对、控制。以后设备发生修理、变动、损坏等都应在档案卡片及财务账册上做好登记,设备的使用状况也要做好记录,以便设备部门全面掌握设备的使用情况。

客房设备档案包括装修资料、历史档案、工作计划表三部分。

1. 客房装修资料

(1)客房装饰情况表。该表(见表5-1)要求将家具什物、地毯织物、建筑装饰和卫生间材料等分类记录下来,并注明其规格特征、生产厂家及装修日期等。根据各自饭店的具体情况,此表可予以补充或修改。

表 5-1 客房装饰情况表

A

家具饰物

饭店_____ 区域_____ 房号_____

项 目	规 格	制 造 商	日 期
床垫床架			
床头板			
梳妆台			
书 桌			
床头柜			
桌 子			
躺 椅			
书桌椅			
沙 发			
行李柜			
台 灯			
床头柜灯			
地 灯			
画			
镜 子			
呼叫铃			
阳台家具			
——椅子			
——桌子			
花 具			

B

织物和地毯

饭店_____ 区域_____ 房号_____

项 目	规格特征	制 造 商	日 期
装饰帘　遮光帘			
窗 帘			
床 罩			
躺 椅			
书桌椅			
沙 发			
行李架			
地毯　小地毯			
浴帘　浴垫			

C

建造装修

饭店_____　区域_____　房号_____

项　　目	规格特征	制　造　商	日　　期
天　花　板			
空调饰板和吊顶			
墙　　　壁			
地板踢脚线			
窗　　　架			
房　　　门			
卫　生　间　门			
壁　橱　门			
门　　　框			
其　　　他			

D

卫生间

饭店_____　区域_____　房号_____

项　　目	规格特征	制　造　商	日　　期
地　　砖			
墙　　砖			
墙　　壁			
天　花　板			
梳　妆　台			
镜　　子			
附　　件			

　　（2）楼层设计图。表明饭店共有多少类型的客房,其确切的分布情况和功能设计等。

　　（3）织物样品。墙纸、床罩、窗帘、地毯等各种装饰织物的样品都应作为存档资料。如果由于原来选用的材料短缺而采用过其他材料作为代用品,则也应保留一份这种替代品的样品存档。

(4) 照片资料。每一种类型的客房都应保留有如下资料:床和床头柜的布置;座椅安排格局;写字台、行李柜布置;卫生间地面和墙面:水暖器件、电器等;套房的起居室和餐室、厨房等。

(5) 客房号码。根据客房的类别和装饰特点,分别列出客房号码的清单。

以上这些资料一旦做好后,还应根据新的变化而予以补充和更新,否则将逐渐失去其意义。

2. 客房历史档案

所有客房,甚至公共区域,都应该设有历史档案(见表5-2)。它包括:有哪些家具什物、其装修或启用日期、规格特征和历次维修保养记录等。

表5-2 客房历史档案

客房维修保养记录　　　房号_____

油漆及墙面			
	油　漆(日期)	油漆色调	墙面清洗(日期)
整个房间			
卫 生 间			
天 花 板			
墙　　壁			
壁　　橱			
散 热 器			
地　　毯			
新铺(年月)			
洗涤(日期)			
用品目录			
项　目	编　号	说　明	
地　毯			
帷　帘			
床　罩			
床			
梳妆台			

续表

用品目录		
项　目	编　号	说　明
写字台		
组合台		
写字椅		
方　凳		
扶手椅子		
沙　发		
画		
行李架		
镜　子		
床头柜		
咖啡台		
茶　几		
字纸篓		
窗帘框		
台　灯		

3. 工作计划表

在客房部经理办公室应设有一份工作计划表，上列那些需要安排特别工作的房号或区域，如大维修或更换物件、重新装修等，待所列的工作完成后则登录到相应的档案记录中，再换上新的内容。

(三) 客房设备的更新改造

客房部应与工程设备部门一起制定固定资产定额，设备的添置、折旧、大修和更新改造计划，以及低值易耗品的摊销计划，减少盲目性。

一切设备无论是由于有形磨损还是无形磨损，客房部都应按计划进行更新改造。在更新改造设备时，客房部要协助设备部门进行拆装，并尽快熟悉设备的性能和使用、保养方法。

为保证饭店的规格档次和格调一致，保持并扩大对客源市场的影响力，多数饭店都要对客房进行计划中的更新，并对一些设备用品实行强制性淘汰。这种更新计划往往包括常规修整、部分更新、全面更新三项。

1. 常规修整

这项工作一般每年至少进行一次。其内容包括：

①地毯、饰物的清洗；②墙面清洗和粉饰；③常规检查和保养；④家具的修饰；⑤窗帘、床罩的洗涤；⑥油漆。

2. 部分更新

客房使用达5年时，即应实行更新计划。它包括：

①更换地毯；②更换墙纸；③沙发布、靠垫等装饰品的更新；④窗帘、帷幔的更换；⑤床罩的更换。

3. 全面更新

这种更新往往10年左右进行一次。它要求对客房陈设、布置和格调等进行全面彻底的改变。其项目包括：

①橱柜、桌子的更新；②弹簧床垫和床架的更新；③座椅、床头板的更新；④灯具、镜子和画框等装饰品的更新；⑤地毯的更新；⑥墙纸或油漆的更新；⑦卫生间设备的更新，包括墙面和地面材料、灯具和水暖器件等。

以上所列的计划将根据各饭店的具体情况予以提前或到期实施；但若延期实施，则应警惕可能出现补漏洞式的跑马工程和饭店规格水准下降或不稳定。

三、客房设备配置的新趋势

客房作为饭店出售的最重要有形商品之一，设备设施是构成其使用价值的重要组成部分。科学技术的发展及宾客要求的日益提高促使酒店客房设备配置出现了一些新的变化趋势，这些变化趋势主要体现在人本化、家居化、智能化和安全性等几个方面。

（一）人本化趋势

作为现代化的酒店，"科技以人为本"的原则在客房设备配置上也应体现出来。以人为本就是要从宾客角度出发，使客人在使用客房时感到更加方便、感受更加舒适。比如，传统的床头控制板正在面临淘汰，取而代之的是以"一钮控制"的方式。又如，客房中的连体组合型家具不但使用起来不方便，而且使得饭店客房"千店一面"，而分体式单件家具则可以使客房独具特色，而且住宿时间稍长的宾客还可按自己的爱好、生活习惯布置家"居"。

（二）家居化趋势

家居化趋势主要体现在以下几个方面：

首先是客房空间加大，卫生间的面积更是如此。

其次是通过客用物品的材料、色调等来增强家居感。比如多用棉织品、手工织品和天然纤维编织品，普遍放置电熨斗、熨衣板；卫生间浴缸与淋浴分开，使用电脑控制水温的带冲洗功能的恭桶。

另外，度假区酒店更是注重提供家庭环境，客房能适应家庭度假、几代人度假、单身度假的需要。儿童有自己的卧室,电视机与电子游戏机相连接等。

(三) 智能化趋势

可以说智能化趋势的出现将人本化的理念体现得最为淋漓尽致。因为在智能化的客房中,宾客可以体验如下美妙感受:客房内将为客人提供网上冲浪等互联网服务,客人所需一切服务只要在客房中的电视电脑中按键选择即可;客人更可以坐在屏幕前与商务伙伴或家人进行可视的面对面会议或交谈;宾客可以将窗户按自己的意愿转变为美丽的沙滩、辽阔的大海、绿色的草原;还可在虚拟的客房娱乐中心参加高尔夫球等任何自己喜爱的娱乐活动;房间内的光线、声音和温度都可根据客人个人喜好自动调节。真可谓无所不能。

(四) 安全性日益提高

安全的重要性是不言而喻的,但这需要更加完善的安全设施加以保障。比如,客房楼道中的微型监控系统的应用;客房门采用无匙门锁系统,客房将以客人指纹或视网膜鉴定客人的身份;客房中安装红外感应装置,使服务员不用敲门,只需在工作间通过感应装置即可知客人是否在房间,但却不会显示客人在房间中的行为。另外,床头柜和卫生间中安装紧急呼叫按钮,以备在紧急情况下,酒店服务人员与安保人员能及时赶到,这些设施大大增强了客房的安全性,同时,又不会过多打扰客人,使客人能拥有更多的自由空间而又不必担心安全问题。

第二节 客房用品的控制

客房用品又可称日常客用品,主要是供客人使用的生活资料。在客房部的费用中,客房用品的耗费要占较大的比重,但伸缩性却很大。因为它涉及的品种多,使用的频率高,数量大,又加上这些用品具有很强的实用性,是每个人都用得上的生活资料,故容易遗漏的环节也多。所以,加强客房用品的控制,是客房物资用品管理最重要的一环。

一、客房用品的分类和选择

(一) 客房用品的分类

1. 按消耗形式划分

(1) 一次性消耗品。如茶叶、卫生卷纸、信封、洗浴液、香皂、化妆用品等。这些用品是一次消耗完毕完成价值补偿。

(2) 多次性消耗品。如床上布件、卫生间"五巾"、饭店宣传用品、衣架等。这些用品可连续多次供客人使用,价值补偿要在一个时期内逐渐完成。

此种分类方法有利于客房部分类、分项制定客用品的消耗定额,加强客房部物资用品的控制。

2. 按供应形式划分

（1）客房供应品。即上面所说的一次性消耗用品。客房供应品是客人可以带离饭店的东西,包括:香皂、洗衣袋、礼品袋、鞋擦、文具、一次性拖鞋、洗浴液、洗发液、牙具、淋浴帽、梳子、卫生卷纸、火柴、面巾纸、茶叶、针线包、圆珠笔、明信片等。

不同饭店对客房供应品的范围作了不同的规定。有些豪华饭店的供应品还包括指甲具、一次性剃须刀、糖果、鲜花,等等。

（2）客房备品。这类物品放在客房或在客房内使用,一般不允许客人带走,但却常常被客人当作纪念品带走。客房备品包括:衣架、卫生间防滑垫、棉织品、茶水具、酒具、烟灰缸、服务夹,等等。

（3）宾客租借物品。这类物品一般不放在房内,而是存放在客房服务中心,供客人临时需要而借用的。有不少客人特别是女客,常会向饭店借用各种用品,如吹风机（现有不少饭店已在房内配备）、熨斗、熨衣板、冰袋、急救袋、泡沫枕头、床板,等等。因此,客房部应准备这类物品,以满足客人的需求,同时需有一套制度,以保证这些借用物品的归还。

客房备品和宾客租借物品都属于多次性消耗用品。此种分类方法有利于客房用品的分类保管和使用。

（二）客房用品的选择原则

由于客房物品种类繁多,因而在其选择时必须坚持如下四项原则:

（1）实用。客房用品是为了方便客人的住店生活而提供的,因而物尽其用是其初衷。

（2）美观。美观而大方的客房用品布置在清洁舒适的客房里,其本身就令人赏心悦目。反之,则有粗糙、贬值之感。

（3）适度。客房用品应能够体现饭店的档次并突出其风格,而不是种类越多越好。

（4）价格合理。现在,客房用品供应商越来越多,作为用户可以从好中选优、优中选廉。因为客房用品的耗量很大,故价格因素不能忽略。

根据这些原则,我们可以总结出一些有规律性的东西来,如:

（1）香皂的重量一般要达到20克以上,最好能30克左右。太小的香皂使用起来不方便,可能会给客人带来不好的印象。此外,应选用质地细腻、无刺激性及不易受潮发软的香皂。

（2）牙具应选用牙膏、牙刷配套包装的,而嵌装式接柄牙刷因不便使用而应予以避免。

（3）垃圾桶以选用拒水、阻燃材料的为佳。

(4)剃须刀与指甲具易受潮生锈,如果有必要设此类用品,则应考虑其防锈性能,并注意进货量和存货期。

(5)擦鞋布以口袋形的较受欢迎。

(6)衣架数应达到每位客人不少于6只,其中设3只西服衣架、3只可挂裙装的衣架,如果有带夹子的衣裳架当然更佳。此外,为减少损耗,挂槽式衣架颇为理想。

(7)信封的规格应掌握好,无论平邮或航空,其规格最大为120×235(mm),最小为90×140(mm)。国内用的信封还应在其左上角印有6个红色的邮政编码格。

(8)明信片的规格范围为:90×140~105×145(mm)。

(9)服务指南除了内容要尽可能齐全外,其格式最好采用阶梯式长短页,以突出目录,查看时更为清楚和方便。

(10)烟缸宜选用直壁式浅烟缸,以方便清洗。

(11)火柴划着后不应有烟尘漂浮,规格大小以35×55(mm)左右为宜。

(12)针线包应备有红、白、黑色等多种颜色的涤纶丝线。针的号数不宜过小,否则穿线困难。此外,针较易生锈,故不宜大批量和长时间贮存。

总之,客房用品不仅种类多,而且也在不断的筛选和改进中。我们在选择时应遵循上述四条原则,并结合工作经验和具体情况来进行。有时,别出心裁的选择可以收到意想不到的效果。如南京金陵饭店在客房中提供了小袋装的洗衣粉,这不仅为客人洗内衣等小物件解决了困难,同时还节省了香皂的发放量。

二、客房用品消耗定额的制定

(一)一次性消耗品的消耗定额

制定客用品消耗定额,就是以一定时期内,为完成客房接待任务所必须消耗的物资用品的数量标准为基础,将客用品消耗数量定额加以确定,并逐月分解和落实到每个楼层来加强计划管理,用好客用物品,达到增收节支的目的。

一次性消耗客用品定额的制定方法,是以单房配备为基础,确定每天需要量,然后根据预测的年平均出租率来制定年度消耗定额。其计算公式如下:

$$A = B \times x \times f \times 365$$

公式中:A=单项客用品的年度消耗定额;B=单间客房(标准间为准)每天配备数量;x=客房数;f=预测的年平均出租率。

确定定额标准后要按定额进行供应,满足需要。如果有额外需要的客人,也应满足供应。同时,对各楼层消耗不足和超额消费的物品可内部调剂,尽量使在单位时间内接待的总人次的过夜数的物品消耗总量不突破指标。

(二)多次性消耗品的消耗定额

多次性消耗用品定额是指在饭店客房正常运转的条件下,客用多次性消耗品的年度更新率的确定。客房棉织品,即布件、毛巾等是客房部使用频率最高、数量最多的多次性消耗品。客房棉织品消耗定额的制定,是控制客房费用的重要措施之一。其定额的确定方法,首先应根据饭店的星级或档次规格,确定单房配备数量,然后确定棉织品的损耗率,即可制定消耗定额。计算公式如下:

$$A = B \times x \times f \times r$$

公式中:A = 单项棉织品年度消耗定额;B = 客房单间配备套数;x = 客房数;f = 预测的年平均出租率;r = 单项棉织品年度损耗率。

三、客房用品的日常控制

客房部对客用品的日常控制,一般采取三级控制的方法。

(一)楼层领班对服务员的控制

1. 通过工作表控制服务员消耗量

楼层领班通过服务员做房报告控制每个服务员领用的消耗品,分析和比较各服务员在每房、每客的客用品的平均耗用量。服务员按规定数量和品种为客房配备和添补用品,并在服务员工作表上做好登记。领班凭服务员工作表对服务员领用客用品情况进行核实,防止服务员偷懒或克扣客人用品据为己有。

2. 检查与督导

领班通过现场指挥和督导,减少客用品的浪费和损坏。

督导服务员在引领客人进房时,必须按服务规程介绍房间设备用品的性能和使用方法,避免不必要的损坏。督导和检查服务员清扫房间的工作流程,杜绝员工的野蛮操作。例如,少数员工在清洁整理房间中图省事,将一些客人未使用过的消耗品当垃圾一扫而光,或者乱扯乱扔客房用品等,领班应及时对其加强爱护客用品的教育,尽量减少浪费和人为的破坏。

(二)建立客用品的领班责任制

各种物资用品的使用主要是在楼层进行的,因此,使用的好坏和定额标准的掌握,其关键在领班。建立楼层客用品的领班责任制,是客房部对物资用品的第二级控制。

(1)楼层配备物资用品管理人员,做到专人负责。楼层可设一兼职的行政领班和一名业务领班。行政领班负责楼层物资用品的领发和保管,同时协助业务领班做好对服务员的清洁、接待工作的管理。小型饭店则不设行政领班,而由楼层领班兼管物资用品的保管和领发工作。

(2)建立楼层家产管理档案。平时如有家产增减或移动,必须由楼层主管或经理批准,并由楼层主管在家产登记卡上进行更改,以加强领班的责任心。

(3)领班每天汇总本楼层消耗用品的数量,向客房部汇报。

(4)领班每周日应根据楼层的存量和一周的消耗量开出领料单,交客房中心库房。

(5) 每月底配合客房中心库房的物品领发员盘点各类用品。
(6) 随时锁好楼层小库房门,工作车按规定使用。

(三) 客房部对客用品的控制

客房部对全饭店各楼层客房用品的控制,可以从两个方面着手。一是通过客房中心库房的管理员(物品领发员),负责整个客房部的客用品领发、保管、汇总和统计工作。二是楼层主管应建立相应的规范和采取措施,使客用品的消耗在满足业务经营活动需要的前提下,达到最低限度。这就是第三级控制。

1. 中心库房对客用品的控制

设立客房部中心库房的饭店,可由中心库房的物品领发员或客房服务中心对客房楼层的客用品耗费的总量进行控制。负责统计各楼层每日、每周和每月的客用品使用损耗量。结合客房出租率及上月情况,制作每月客用品消耗分析对照表。

2. 楼层主管对客用品的控制

楼层主管或客房部经理对客用品的控制主要是通过制定有关的管理制度和加强对员工的思想教育来实现的。

3. 防止客人的偷盗行为

这就要求饭店实行访客登记制度,尽可能少设置出口通道,对多次性消耗用品,如烟缸、茶杯、茶叶盒等,可标上饭店标志,管理好工作车,将衣架固定起来,等等。

第三节　布件的管理和控制

一、布件的分类和选择

布件又称为布草或棉织品。在饭店的经营活动中,它不仅被作为一种日常生活必需品提供给客人使用,而且被用于装饰环境、烘托气氛等。

(一) 布件的分类

按照用途来划分,饭店的常用布件可分为四大类:
(1) 床上布件:床单、枕套等;
(2) 卫生间布件:方巾、面巾、浴巾、地巾等;
(3) 餐桌布件:台布、餐巾等;
(4) 装饰布件:窗帘、椅套、裙边等。

(二) 床上布件的选择

床上布件主要指床单和枕套,其选择主要在于其质量与规格。一般情况下,饭店宜选用全白的床单与枕套(漂白或本白)。这不仅是因为白色看起来清洁和舒适,还在于其易于洗涤和保养。如果选用了有色高级布件,则应考虑到其使用成本问题,包括洗涤剂的选用等。

1. 质量要素

床单和枕套的质量主要取决于以下要素:

(1)纤维质量。如果所用的纺织纤维比较长,则纺织出来的纱就比较均匀、条干好、强力高。这反映在使用上即为耐洗、耐磨。

(2)纱的捻度。纱纺得紧一些,则使用中不易起毛,强度也比较好。

(3)织物密度。密度高而经纬分布均匀的织物则比较耐用。用作床单的织物密度一般为 288×244 根/$10cm^2$,高级的可超过 400×400 根/$10cm^2$。

(4)断裂强度。一般情况下,织物的密度高则其强度就高。

(5)制作工艺。卷边要平整、够宽。针脚要直而密,缝线的牢度要够。通常,床单和枕套的针脚密度应分别达到每 5cm16 针和 28 针;其针脚牢度可用针挑试,特别是枕套要能耐反复装拆枕芯的拉扯。

此外,床单和枕套的舒适与美观是选购时所关注的一个重要方面。一般来说,50/50 与 65/30 的涤棉混纺床单不仅具有棉布的舒适性,而且易洗快干、抗皱、挺括,其耐洗性能也大大提高。

2. 规格尺寸

床单和枕套的规格尺寸主要依据床及枕芯的大小来决定;同时,它们也受到质地和用户的爱好等因素的影响。

(1)床单。即使是同一种类的床单,其尺寸也可能有所不同,为了简化布件的管理、提高工作效率,不少饭店都尽可能地减少不同的规格种类,如将大号床单与双人床单合二为一。为便于识别不同规格的床单,要求厂商在床单边沿做不同颜色的记号等。

下面是四种不同规格的床单的常用尺寸:

单人床单　　$1.6 \times 2.44m \sim 1.82 \times 2.64m$

双人床单　　$2.09m \times 2.64m$

大号床单　　$2.29m \times 2.79m \sim 2.29m \times 2.92m$

特大号床单　$2.74m \times 2.79m \sim 2.74m \times 2.92m$

需要指出的是:如果可能的话,尽可能不要选用太大的床单,这样不仅节省资金,而且方便了铺床操作和洗涤保养。一般情况下,床单的长和宽只要多出床垫规格的 60~70cm 即可。

(2)枕套。通常,枕套的宽度要比枕芯多出 2~5cm,长度要多出 20~23cm。这可使枕芯易于装入并可将多余的枕边反折进枕套里,以使枕套显得比较饱满和挺括。下列枕芯、枕套的规格(cm)可能比一些饭店使用的要宽一些,但却比较舒适及符合欧美人的生活习惯。

标准号枕芯　　51×66　　枕套　　53×89

| 大号枕芯 | 51×76 | 枕套 | 53×99 |
| 特大号枕芯 | 51×92 | 枕套 | 53×112 |

当然,为了方便管理和减少规格品种,可不必按照床的大小来做不同规格的枕芯和枕套,只需增加使用数量即可。

(三)卫生间布件的选择

传统的卫生间布件是面巾、浴巾、披巾三件套,但现在讲究一点的饭店还要加放小方巾。这样,加上地巾就组成了卫生间"五巾"。由于它们基本上属毛圈织物,故都可统称为毛巾。饭店业有一种说法:房价跟着毛巾走。姑且不论其是否完全确切,但越高档的饭店所用的毛巾越舒适、讲究。

1. 质量要素

卫生间毛巾的质量要求基本上可以用六个字来概括,即"舒适、美观、耐用",而要达到这一要求则主要取决于以下因素:

(1)毛圈数量和长度。通常,毛圈多而且长,则其柔软性好、吸水性佳,但毛圈太长又容易被钩坏,故一般毛圈长度在3mm左右。因为毛越长则分量越重,所以人们往往用分量来作为衡量毛巾优劣的一个要素。

(2)织物密度。毛巾组织是由地经纱、纬纱和毛经纱组成。地经纱和纬纱交织成地布,毛经纱则与纬纱交织成毛圈,故纬线越密则毛圈抽丝的可能性也越小。

(3)原纱强度。地经要有足够的强度以经受拉扯变形,故较好的毛巾地经用的是股线,毛经是双根无捻纱,这就提高了吸水和耐用性能。

(4)毛巾边。毛巾边应牢固平整,每根纬纱都必须能包住边部的经纱;否则,边部很容易磨损、起毛。

(5)缝制工艺。与床单和枕套一样,也要查看其折边、缝线、针脚等。

2. 规格尺寸(单位为cm)

(1)方巾。这是一种正方形的小毛巾,又名汗巾,适宜作擦手、擦脸之用。它有如下规格可供选用:20×20,26×26,28×28,30.5×30.5,33×33等。需要说明的是,方巾在使用过程中极易流失且淘汰较快,故选用时应考虑到营业成本。

(2)面巾。这是一种以洗脸为主的长方形毛巾,又称为毛巾。其规格尺寸有:32×76,34×78,32×92等。

(3)小浴巾。主要用来淋浴擦洗,与面巾外形相仿。尺寸有许多可供选用:28×46,40×65,46×64,46×92,34×100等。

(4)大浴巾。大浴巾主要用来浴后擦身、遮体,因而又称为"披巾"。其吸水性能特别高,规格尺寸也有多种:51×102,56×112,61×122,68×137,76×152,96×132等。

(5)地巾。地巾称为脚巾、脚垫。它是采用粗号纱织制的高密度、高厚度毯状织物,用于卫生间地面,起清洁、防滑、保温、装饰作用。地巾有毛巾与簇绒地巾之分,常见的有长方形和椭圆形,单面绒毛的地巾往往还涂有乳色背胶。一般尺寸为:40×70,50×70,50×80 等。

二、布件的管理和控制

客房、餐厅及其他部门每天需要提供大量的布件,而客人对布件的质量往往要求很高,布件的内在质量和外观清洁程度,直接影响到饭店的服务质量和规格。同时,由于饭店布件使用量大,容易损耗,因此,搞好布件管理,从经济效益上看也是十分重要的。

(一) 核定各布件的需要量

各布件的需要量,应当根据每个饭店的等级,以及各类客房床位数量、餐厅种类、餐桌座位数及台布替换率等来核定。在此基础上,本着既要保证经营需要,又要保持最低的消耗和库存周转量的原则,确定各类布件配置的件数和套数。

1. 在用布件

在用布件即投入日常使用及供周转的那部分布件。在确定数量时,要考虑到如下要求:必须能够满足饭店客房出租率达到 100% 时的周转需求;要能够满足饭店客房一天 24 小时营运的使用特点;必须能够适应洗衣房的工作制度对布件周转所造成的影响;要能适应饭店关于客用布件换洗的规定和要求;必须考虑到规定的布件调整、补充周期及可能会发生的周转差额、损耗流失量等;最好能让洗熨出来的布件有一段搁架保养的时间。

2. 备用布件

备用布件是指存入总库以备更新、补充用的布件,它又可称之为库存布件。备用布件量要根据以下因素考虑决定:预计更新的速度和数量;预计流失布件的补充情况;是否有更换布件品种、规格等的计划;定制或购买新布件所需的时间;现有库房贮存条件的适应性;资金占有的损益分析等。

在对以上情况进行逐一分析之后,最终要购买的布件数量也就基本上出来了。当然,这一工作需要客房部经理会同采购部经理、财务部经理商定之后,报总经理批准才告一段落。

通常,需要多少布件数量以"套"来表示。不管是哪一种布件,只要能按饭店制定的布置规格将所有客房都布置齐全,其需要的量就称之为一套。一般的饭店都至少拥有每床 3 套以上的布件,它们一直在客房、洗衣房、中心布件房、楼层布件房之间周转;其余的都存入新布件库房。

总之,库存布件不宜过多,但消耗较快的品种却不必拘泥于要与别的品种套数一致。如:小方巾流失大、淘汰快,如果不是随时能在市场买到的话,不妨多备几套。枕套通常也要比床单多备一些。

(二)控制好布件的数量和质量

在客房部日常使用布件的过程中,要建立起有关的制度,设计有关的工作程序,确定有关的控制方法,控制好布件的数量和质量。

1. 布件存放要定点定量

在用布件除在客房里有一套之外,楼层布件房应存放多少、工作车上要布置多少、中心布件房要存放多少、各种布件的摆放位置和格式等,这些都应有一定的规矩。有了统一的规定,员工就可以有章可循。平时,只要核对一下数量多少就可知道有没有发生差错,用起来够不够。这样,工作效率可以得到提高,员工的责任心也会相应地加强。

2. 建立布件收发制度

客房部、餐厅部等部门要求领用布件,必须填写申领单(见表5-3)。领用数量控制的原则是送洗多少脏布件和换洗多少干净布件。所以,送洗的数量应填表列明,洗衣房收到并予以复算后签字认可,申领者方可去中心布件房领到相同品种和数量的干净布件。如果申领者要求超额领用,应填写借物申请并经有关人员批准。如果中心布件房发放布件有短缺,也应开出欠单,作为以后补领的依据。

表5-3 每日布件申领(换洗)单(餐厅用)

饭店
致客房部:　　　　　　　　日常餐饮布件换洗单　　　　日期　年　月　日

布件	颜 色	布件尺寸	送洗布件数	洗衣房收数	布件房发数
餐巾	绿 色	22″×22″			
	紫 色	21″×22″	39	39	39
	紫 色	12″×12″			
	珊瑚色	22″×22″			
	红 色	22″×22″			
	粉红色	22″×22″			
	白 色	22″×22″	2	2	
台布	棕 色	54″×78″	8	8	8
	棕 色	54″×54″	1	1	1
	棕 色	43″(R)			
	珊瑚色	90″×90″			
	珊瑚色	81″×81″			
	红 色	90″×90″			

续表

布件	颜色	布件尺寸	送洗布件数	洗衣房收数	布件房发数
台布	绿 色	64″×64″			
	粉红色	90″×90″			
	粉红色	70″×70″			
	粉红色	54″×94″			
	粉红色	54″×84″	1	1	1
	白 色	54″×94″			
	白 色	54″×84″			
	绿 色	24″×13″			
	绿 色	14″×18″			
厨房抹布	白 色				
服务巾	白 色	18″×24″	1	1	1
擦杯巾	白 色	20″×30″			

注意：餐巾每10条扎成一捆，台布每5条扎成一捆，沾污布件要单独分开。
换洗时间：每日上午9:30及下午3:00
申领人：
发件人：
收件人：

在日常布件送洗和分发过程中，布件房要做逐件清点检查，在保证进出的布件数量正确的同时，要把好质量关。在每天清点布件的过程中，凡是有污点或破损的布件都要及时送还重洗或作废处理，以保证布件的质量。洗衣房送来的布件，要分门别类堆放整齐，以方便发放和清点存货。

（三）确定各类布件的更新率

更新率是指布件每次替换数量占原有布件总数的百分比。由于饭店的等级不同，服务水准和规格不同，布件更新率不可能完全一样。饭店规格越高，对布件要求也越高。布件更新的时候，一般采用以旧换新的办法。为了便于识别，可以在布件上印字，注明更新的批次。布件房收回旧的布件后，要视情况分别予以处理。凡能利用的就要加以利用，但不能和在用的布件混杂在一起。报废的布件可以改制成小床单、抹布、枕套、盘垫等（报废记录单见表5-4）。

表5-4 布件报废记录单

品名_____ 规格_____ 填报人_____

报废原因	数量					报废总数
年限已到						
无法缝补						
无法去迹						
其他						

累计_____

（四）定期进行存货盘点

布件房应对布件分类，同时登记实物数量和金额，并设"在库"和"在用"科目，分别控制实物和楼面在用数量。在设立账卡的基础上，布件房要每月或每季度进行一次存货盘点。这个制度不仅是为了控制不见的数量，而且也是为了方便会计核算。在对布件盘点的基础上，进行统计分析能及时帮助客房部管理人员发现存在的问题，堵塞漏洞，改进管理工作（见表5-5）。

表5-5 布件盘点统计分析表

部门_____ 盘点日期_____ 制表人_____

品名	额定数	客房		楼层布件房		洗衣房		中心布件房		盘点总数	报废数	补充数	差额总数	备注
		定额	实盘	定额	实盘	定额	实盘	定额	实盘					

三、布件的保养及贮存

（一）布件的保养

布件的保养必须贯穿于贮存与使用的始终，除了前文中已经提及的有关要求外，还应注意如下几点：

（1）备用布件不宜一次购买太多，存放时间太长布件的质量会有较明显的下降。

（2）备用布件应遵循"先进先出"的原则投入使用。如能在布件边角上做A、B、C之类的标记以表明其投入使用的批次，则不仅有利于跟踪分析其使用状况，而且方便了布件的定期更新工作。

(3)新布件应洗涤后再使用。这不仅是清洁卫生的需要,也有利于提高布件强度和方便使用后的第一次洗涤。

(4)刚洗涤好的布件应在货架上搁置一段时间以散热透气,这可以延长布件的使用寿命。

(5)要消除污染或损坏布件的隐患,如将布件随便丢在地上,收送布件时动作粗鲁,布件中夹带别的东西,布件车、架等不干净或表面粗糙、有钩刺等。

(二)布件的贮存

布件应该存放在一个合适的环境中,不管是楼层布件房、中心布件房或备用布件房,它们都应具备下列条件:

(1)具有良好的温度和湿度条件。用做贮存的库房其相对湿度不能大于50%,最好能控制在40%以下;温度以不超过20℃为佳。

(2)通风良好,以防止微生物繁衍。

(3)墙面材料应经过良好的防渗漏、防霉蛀预处理,地面材料以PVC石棉地砖为好。

(4)在安全上,房门应常锁,限制人员的出入,并要做经常的清洁工作和定期的安全检查,包括检查有无虫害迹象、电器线路是否安全,等等。

(5)布件要分类上架摆放并附贮量卡(见表5-6)。布件库不应存放其他物品,特别是化学药剂、食品等。

(6)长期不用的布件应用布兜罩起来,以防止积尘、变色。否则,严重的污染可能导致布件领用后难以洗涤干净。

表 5-6 备用布件贮量卡

规 格	单 价	项 目			最高限量	最低限量		
日 期	摘 要	进	出	结存	日 期	摘 要	进	出	结存

第四节　客房成本费用预算的编制

预算是全年经营活动的指南。预算的含义非常广泛,但有一点非常清楚,即它是对一年或两年时间内其开支的一种估计和测算。作为一名真正合格的客房管理人员，必须既能出色地承担本部门的管理工作，又能洞察整个饭店的经济效益状况。如：具备制定预算和了解整个饭店经营活动的能力，这是客房管理工作者改善经营活动的基本条件，对劳动力、客房维修和设备更新需求的预测更是客房经营成败的关键。

预算的编制应力求谨慎，一旦制定出来它就是必须成为指导日常开支的纲领性文件，从这个角度讲，预算可以看作是整个客房经营管理工作的基础。

一、编制预算的依据

(1)饭店整个计划期内的经营预测，比如从客房部角度而言，未来一年的出租率情况、营业收入指标等。

(2)饭店经营的历史资料。如前期的营业收入、出租率等情况。

(3)客房部设备设施、劳动力现状及趋势。比如，设备设施的使用年限及其磨损、报废情况，劳动力的构成比例、流动情况，未来物价、工资水平的变化等。

二、编制预算的原则

(一)分清轻重缓急

制定预算时，所有预算项目必须分清轻重缓急，按以下先后次序排列：

第一优先：来年绝对必须购置的项目。

第二优先：增加享乐程度和外观的新项目。

第三优先：未来两年内需要添置的项目。

酒店在开业三年以后，就要开始考虑对某些设施进行更新、改造和重新装饰，这些更新项目往往占了预算开支的一大部分，但是如果能将过去所购物品的购买和使用时间记录在案，那就会给客房管理人员的年度资金预算计划提供方便。

(二)讲究实事求是

预算必须实事求是，按照客房部的实际状况和经营需要确定；否则，如果客房管理人员为了得到预期的金额而在预算上报了多出两倍的金额，那么，将来的实际开支就将是实际预算的两倍。事实上，如果按轻重缓急序列制定预算，也没有必要做这种"预算外的预算"。

(三)进行充分沟通

在绝大多数酒店，客房部门要负责整个酒店的家具配备工作，因此，客房管理人员必须与其他部门负责人(特别是工程维修部)保持联系，以便协商确定客房部与这些部门预算有关的统一开支款项。

三、编制预算的范例

(一) 预算总表

表 5-7　××年客房部预算总表　　　　　　　单位:元

项　目	上年实际	上年预算	本年预算	备注(原因)
第一优先项目				预计今年出租率上升9%;补齐缺编10名员工
工资	338 400	340 000	430 560	增加物价上涨因素(按15%计)
工作服	16 920	17 000	26 000	增加员工;今年需发皮鞋每人一双(70元/双)
医疗费	25 560	23 560	27 960	240元/人·年×104人＋3000元重病超支保险费
床单			57 600	补充二套30元/床,急需补,否则会影响周转
洗衣房洗涤剂	36 000	35 000	45 000	业务量增加,洗涤剂调价15%(已接到通知)
客房、PA洗涤用品	15 000	18 000	9 600	部分改用国产产品替代合资、进口产品
客房易耗品	245 000	230 000	226 000	去年还有一部分 3.3元/间×240间×82%出租率×365天×95%消耗率
维修保养费	70 000	75 000	38 000	去年增加烘干机一台4万元
第二优先项目				
清扫工具等	9 000	15 000	11 000	考虑上涨因素
临时工工资	12 000	10 000	6 000	去年人事部租用的多,今年旺季用些临时工(5~10月)
差旅、培训费	4 800	5 000	4 500	去年批量实习,今年少数骨干学习培训
邮电通信费	2 100	2 000	2 100	
第三优先项目				
办公用品及印刷品	4 000	5 000	3 000	有些报表已够用
员工生日及生病等	2 700	3 000	2 800	每个员工生日及病假达三天者的探望

续表

项　　目	上年实际	上年预算	本年预算	备注(原因)
奖金	293 280	280 000	330 000	增加员工,业务增加,争取增长10%
劳保用品	16 920	18 000	18 720	101人×15元/人·月×12个月
		累计	1 238 840	

说明:第一优先中,床单须在旺季之前(3月底之前)解决;工作服中夏季服装及皮鞋在5月份前解决,冬季服装在9月底解决。共需资金壹佰贰拾叁万捌仟捌佰肆拾元,当否,请审批。

此致

呈:总经理室

客房部

(二) 预算总表分解

为了做好预算的控制,还应对预算的有关项目按月进行分解(见表5-8)。

表5-8　客房预算总表分解

项　目	1月		2月		……		12月	
	本年	去年	本年	去年	本年	去年	本年	去年
工资								
客房用品								
清洁用品								
……								

四、预算的执行与控制

客房部年度预算一经批准,客房管理人员应严格执行,将经营活动控制在预算范围之内。为此,管理人员必须对预算执行情况进行检查,一般每年检查不得少于两次,最好是每月检查一次,并填写预算执行情况控制表(见表5-9)。

由于预测不可能准确无误,所以预算指标与实际业务运行发生较大误差是不足为奇的,可以通过修订预算进行弥补。

在预算与实际状况发生较大误差时,客房部负责人应召集所有管理人员通报情况,寻找可行的办法来消除因开支过大造成的赤字;或是寻找利用剩余资金提高效益的其他途径。

表 5-9 预算执行情况控制表

项　目	本月实际		本年累计		
	本年	去年	本年	预算	去年
工　资					
清洁工具					
客房用品					
……					
直接开支合计					

第五节　客房成本控制与经营效益分析

饭店客房成本可分为固定成本和变动成本。客房固定成本是指在一定范围内不随销量增减变化而变化的成本。客房变动成本是指随销量增减而同比例变化的成本。一定销量水平的固定成本与变动成本之和就是总成本。

饭店客房部成本控制是指按照成本管理的有关规定和成本预算的要求，对成本形成的整个过程进行控制，以使客房部的成本管理由被动的事后算账转为比较主动的预防性管理。

一、客房成本控制的方法

客房成本控制的主要方法有预算控制、主要消耗指标控制和标准成本控制三种。

（一）预算控制

客房成本预算是客房部经营支出的限额目标。预算控制，就是以分项目、分阶段的预算指标数据来实施成本控制。

这种方法的具体做法是：以当期实际发生的各项成本费用的总额及单项发生额，与相应的预算数据相比较，在业务量不变的情况下，成本不应超过预算。这里，由于考虑到现实的情况与预算预计的情况有时并不绝对一致，因此往往需要事先进行几个不同业务量水平上的预算数据的测算，编制出弹性预算，以使成本的实际发生额和预算数额两者便于比较，而不能仅仅只有某一种业务量水平上的预算数据。当然，在弹性预算中，只有业务量和变动成本的变化，固定成本仍保持不变。因此，一般就以变动成本随业务量变化而变化的幅度为依据，来确定弹性预算中业务量数值的档距。

(二) 主要消耗指标控制

主要消耗指标是指对饭店客房成本具有决定性影响的指标。主要消耗指标控制,也就是要对这部分指标实施严格的控制。只有控制住这些指标,才能确保成本预算的完成。

控制主要消耗指标,关键在于这些指标的定额和定率,不但定额或定率本身应当积极可行,而且一旦指标确定,就必须严格执行。此外,除这些主要消耗指标以外的其他指标,即非主要指标,也会对饭店的成本发生影响。因此,在对主要消耗指标进行控制的同时,也应随时注意非主要指标的变化,一旦主要指标相对稳定,而非主要指标变化加大,那么控制非主要消耗指标的意义就更大。例如,对客房可用品消耗定额的制定就是一种对主要消耗指标的控制:

一次性客用品消耗定额的制定方法,是以单房配备为基础,确定每天的需要量,然后根据预测的年平均出租率来制定年度消耗定额。其计算公式为:

$$X = b \times c \times f \times 365$$

公式中:X = 单项客用品的年度消耗定额;b = 单间房(以标准间为准)每天配备数量;c = 客房数;f = 预测的年平均出租率。

确定定额标准后要按定额供应,以满足客人需要。如果客人有额外需要,可视情况提供,但不能无限量供应,要尽量将实际消耗的客用品数量控制在定额范围以内。

(三) 标准成本控制

标准成本是指正常条件下某营业项目的标准消耗(注:只包括营业成本和营业费用,不分摊到部门的管理费用、财务费用除外)。标准成本控制,也就是以各营业项目的标准成本为依据,来对实际成本进行控制。

采用标准成本控制,可将成本标准分为用量标准和价格标准,以便分清成本控制工作的责任。由于用量原因导致实际成本与标准成本产生差异,应主要从操作环节查找原因;由于价格原因导致实际成本与标准成本产生差异,则应主要从采购环节查找原因。

比如,客房标准成本的计算可按以下公式进行:

$$C = b \times (1 - tr) - m/x$$

公式中:C = 客房标准成本(指客房所有的成本费用);b = 平均房价;tr = 营业税金及附加的税率;m = 目标利润;x = 累计出租客房间数。

假设某饭店客房数为 168 间,平均房价 400 元,平均出租率 60%,目标利润 1 030 万元,营业税金及附加的税率为 5.56%,则每间客房每天的标准成本为:

$$\begin{aligned}
C &= b \times (1 - tr) - m/x \\
&= 400 \times (1 - 5.56\%) - 10\,300\,000/168 \times 60\% \times 365 \\
&= 400 \times 94.44\% - 279.95 \\
&= 97.81(元)
\end{aligned}$$

以上是客房成本控制的主要方法。应当指出的是,除了对消耗阶段的控制以外,还应注意加强客房物资采购、库存阶段的控制,即对物资采购的价格、到货验收、储存、盘点等一系列环节进行严格的控制,以使客房成本控制工作更加全面、完善。

二、客房经营指标的类型

饭店客房经营状况,通常从以下的一些指标中得到反映。

(一) 客房出租率

客房出租率是表示饭店客房利用情况的重要指标。计算公式如下:

$$客房出租率 = \frac{已售客房数}{可出租的客房数} \times 100\%$$

客房出租率是饭店经营者所要追求的主要经济指标,象征饭店的客源充足程度,反映经营管理成功的程度,饭店的盈亏百分比线就是用客房出租率来表示的。

(二) 双人住房率

双人住房率就是二人租用一间客房数与饭店已售客房数之间的比率。计算公式如下:

$$双人住房率 = \frac{客人数 - 已售完客房数}{已售完客房数} \times 100\%$$

国际上许多饭店,一个标准间住两位客人与单人住的房价是不同的,因此,注重双人住房率,是饭店提高经济效益、增加客房收入的一种经营手段。同时,了解双人住房率对饭店管理者预测餐饮的销售量、布件的需要量及分析饭店的平均房价都是十分有用的。

(三) 平均房价

平均房价是指饭店每出租一间客房所获得的平均客房收入。计算公式如下:

$$平均房价 = \frac{客房房费总收入}{已售客房数}$$

饭店的客房收入与出租的客房数量及房价密切相关,所以平均房价对饭店经营管理者具有重要的参考价值。平均房价的高低受到许多因素的影响,如出租的客房类型、双人住房率、白天房价以及房价折扣等。通过平均房价的分析,也可以反映出前台销售人员向客人出租高价客房的工作业绩。

(四) 客房收入率

客房收入率是指饭店每天的客房实际收入与潜在的最大客房收入之间的比率。计算公式如下:

$$客房收入率 = \frac{实际客房房费总收入}{潜在的最大客房收入} \times 100\%$$

潜在的最大客房收入是指饭店通过出租客房所能获得的最大房费收入。如某饭店共有 100 间标准客房,每间客房的公布房价是 100 元,则潜在的最大客房收入为 100 间 × 100 元 = 10 000(元)。通过实际收入额同潜在收入额的比较,既可以反映出饭店经营效果,也可以反映出前台员工销售客房的工作业绩。

(五)人均支付房价

人均支付房价是指每一个住客所平均支付的客房价格。计算公式如下:

$$人均支付房价 = \frac{客房房费总收入}{客人数}$$

饭店的经营管理者通常对客人平均支付的客房价格尤感兴趣,它为饭店确定目标市场、调整房价结构,提供了重要的参考价值。

三、客房经营效益分析及评价

客房经营效益,是指饭店在客房经营活动中,为了向客人提供客房产品而花费的物劳动和活劳动所共同取得的经营收益。讲求和提高客房经营效益,是饭店管理者从事客房经营活动的基本准则。

(一)客房营业收入分析

影响客房营业收入的因素主要有客房出租率、公布房价和折扣率。客房出租率是影响客房营业收入的关键因素。一般来说,出租率越高,收入越高。公布房价是对外的公开报价,但饭店对不同的客人有时会给予不同的折扣,所以公布房价与平均折扣率相乘才是饭店实际收取的房价。在公布房价一定的情况下,平均折扣率越高,实际房价越低,收入也就越少;在平均折扣率一定的情况下,公布房价越高,实际房价越高,收入也就越多。

某饭店客房营业收入表　　　　　　　　　　　　　　单位:元

项　目	1997 年 10 月	1998 年 10 月	差　异
客 房 数	400	400	0
出 租 率	78%	80%	2%
公布房价	125	120	-5
折 扣 率	90%	95%	5%
实际房价	112.5	114	1.5
收　入	1 088 100	1 130 880	42 780

从上表可以看出,该饭店 10 月份客房营业收入为 1 130 880 元,比 1997 年 10 月增加了 42 780 元,增长率为 3.93%。要进一步说明造成收入增加的因素及影响程度,需要用因素分析法进行分析。

(1)出租率因素对收入的影响

$$400 \times 31 \times (80\% - 78\%) \times 125 \times 90\% = 27\,900(元)$$

由于出租率提高,使饭店1998年10月客房收入增加了27 900元,占收入增加额的65.21%。

(2)公布房价因素对收入的影响
$$400 \times 31 \times 80\% \times (120 - 125) \times 90\% = -44\ 640(元)$$
由于公布房价下降,使客房收入减少了44 640元。

(3)折扣率因素对收入的影响
$$400 \times 31 \times 80\% \times 120 \times (95\% - 90\%) = 59\ 520(元)$$
由于折扣率下降,使客房收入增加了59 520元。

三项因素综合起来对客房收入的影响为:
$$27\ 900 + (-44\ 640) + 59\ 520 = 42\ 780(元)$$

即三项因素综合起来使客房收入比1997年10月增加了42 780元。

从上面的分析可以看出,造成客房营业收入增加的主要原因是出租率提高和房价折扣率下降。因此,为全面反映客房经营情况,不仅要重视客房出租率的高低,还要重视客房实际平均房价的高低。

(二)客房费用分析

客房费用分析,就是要解剖客房费用变化的原因,并针对问题采取措施。这是加强客房经营管理、提高客房经济效益的重要手段。

某饭店客房部费用对照表　　　　　　　　　　单位:元

项　目	1997年10月费用	1998年10月费用	差　异
工　资	8 000	8 000	
福利费	880	880	
低值易耗品摊销	56 500	57 000	500
电话租金	4 500	4 500	
服装费及其他费用	3 000	3 000	
不变费用小计	72 880	73 380	500
消耗品	25 000	24 000	-1 000
水　费	8 000	9 000	1 000
电　费	18 500	20 000	1 500
燃料费	16 000	16 600	600
维修费	7 805	6 993	-812
洗涤费	13 000	11 000	-2 000
可变费用小计	88 305	87 593	-712
总　计	161 185	160 973	-212

从上表可以看出,该饭店客房部1998年10月费用比1997年10月减少212元,其中不变费用增加500元,是由于低值易耗品摊销费增加所致;可变费用减少712元,是由于间天可变费用下降所致。间天可变费用的计算公式如下:

$$间天可变费用 = \frac{计算期客房可变费用总额}{客房数量 \times 计算期天数 \times 出租率}$$

该饭店1997年10月间天可变费用为9.13元,1998年10月可变费用为8.83元。如果用因素分解来表示可变费用总额的话,则可以写成如下公式:

$$可变费用总额 = 客房数量 \times 计算期天数 \times 出租率 \times 间天可变费用$$

用因素分析法进行分析:
(1)出租率因素的影响

$$400 \times 31 \times (80\% - 78\%) \times 9.13 = 2\,264(元)$$

由于出租率提高,使可变费用总额增加了2 264元。

(2)间天可变费用因素的影响

$$400 \times 31 \times 80\% \times (8.83 - 9.13) = -2\,976(元)$$

由于间天可变费用降低,使可变费用总额减少了2 976元。

两项因素综合起来使客房可变费用总额减少了712元。

饭店经营中,对客房间天可变费用常有定额。将两年间天费用进行比较,可以发现经营管理中的问题或成绩。

(三)客房利润分析

客房利润是指在一定时期内房价收入扣除税金和费用后的余额。其计算公式是:

$$客房利润 = 客房费用 - 税金 - 费用$$

一般情况下,营业税率是不变的,所以税金是随着营业收入的变化而变化的。因此,影响因素分析,有必要将收入与费用进行分解,这样才能分别测定各项因素对利润的影响。分解后的客房利润公式是:

$$客房利润 = \sum[(某类客房可出租数量 \times 计算期天数 \times 出租率 \times 单位房价) \times (1 - 税率)] -$$
$$不变费用总额 - \sum(某类客房可出租数量 \times 计算期天数 \times 出租率 \times 单位可变费用)$$

公式中的某某类客房可出租的数量是指饭店拥有的不同档次的客房数量。如果该饭店的客房有多种类型且档次相差较大,那么应该分别计算各种类型客房的收入与支出,然后汇总成饭店收入和支出。在分析利润时,可以按不同类型的客房进行分析计算。因为不同类型的客房房价不同,实际出租率也不同,只有分别计算其收入才会更加精确。

某饭店客房利润分析表　　　　　　单位:元

项　目	1997年10月	1998年10月	差　异
客房数量	400	400	
出租率	78%	80%	2%
公布房价	125	120	-5
房价折扣率	90%	95%	-5%
税率	5%	5%	
不变费用总额	72 880	73 380	500
单位可变费用	9.13	8.83	-0.3
利润	872 510	913 363	40 853

(1) 出租率因素影响

$[400×31×(80\%-78\%)×125×90\%]×(1-5\%)-[400×31×(80\%-78\%)×9.13]$
$=24\ 241$(元)

由于出租率提高使客房利润增加 24 241 元。

(2) 房价因素的影响

$400×31×80\%×(120×95\%-125×90\%)×(1-5\%)=14\ 136$(元)

由于房价提高使客房利润增加 14 136 元。

(3) 由于不变费用增加使利润减少 500 元。

(4) 单位可变费用因素的影响

$400×31×80\%×(8.83-9.13)=-2\ 976$(元)

由于单位可变费用下降使利润增加 2 976 元。

综合各项因素的影响,最终使利润增加了 40 853 元。

$24\ 241+14\ 136+(-500)+2\ 976=40\ 853$(元)

从上面的分析可以看出,出租率提高和房价上升是使利润增加的主要原因。单位可变费用的下降也使利润增加。反之,则客房经营利润就会下降。

四、盈亏临界分析与应用

盈亏临界分析法也叫保本点分析法,或量本利分析法,它是指饭店经营达到不赔不赚时应取得的营业收入的数量界限。在饭店客房经营过程中,成本、销量和利润之间存在着千变万化的关系,如当客房销售量一定时,利润状况如何?如果成本发生变化,为使利润不减少,销售额应如何调整?等等。这些问题都可以运用盈亏临界分析方法加以解决。

(一) 客房盈亏临界分析法的概念

在进行盈亏临界分析时,首先需要将成本按照其与销售量的关系划分为固定成本与变动成本。固定成本总额一般保持不变,变动成本总额却会随销售量的增减而变动。饭店所获得的客房营业收入扣减客房变动成本后的余额,要先用来补偿固定成本,余额与固定成本相等的点即为保本点或盈亏临界点。

例如,某饭店客房部日固定费用 13 000 元,可出租房间天变动成本为 20 元,房价为 150 元,该饭店有 258 间客房,则盈亏临界状况可以用下表表示:

客房租数	变动费用	固定费用	总费用	收入	盈亏状况
1	20	13 000	13 020	150	亏损
20	400	13 000	13 400	3 000	亏损
50	1 000	13 000	14 000	7 500	亏损
100	2 000	13 000	15 000	15 000	盈亏临界点

也就是说,当客房出租量达到 100 间时,总成本与总收入相等。那么,这 100 间便是保本点的客房出租量,收入 15 000 元为保本点的营业收入。

除上述方法外,还可以采用绘制盈亏平衡图的方式进行。利用该图可以直观地看到销售量、成本与利润之间的变动关系。

进行盈亏临界分析时,要明确边际贡献这一概念。边际贡献是指每增加一个单位销售所得到的销售收入扣除单位变动成本获得的余额。边际贡献要用来补偿固定成本,其余额才能为饭店提供利润。当边际贡献与固定成本相等时,饭店经营活动就处在保本状态。如饭店的平均房价为 150 元,每间客房的变动成本费用为 30 元,则边际贡献为 120 元(150 - 30),这是用绝对数表示的边际贡献;如果把全部销售额看成 100%,已知变动成本费用率为 20%,则边际贡献率为 80%(100% - 20%),这是用相对数表示的边际贡献。

盈亏临界分析法一般公式为:

$$保本点销售量(额) = \frac{固定成本}{边际贡献}$$

如果边际贡献用绝对数表示,则计算的结果为保本点销售量,其公式为:

$$保本点销售量 = \frac{固定成本}{单位售价 - 单位变动成本}$$

如果边际贡献用相对数来表示,则计算的结果为保本点销售额,其公式为:

$$保本点销售额 = \frac{固定成本}{边际贡献率}$$

(二) 客房盈亏临界分析法的应用

盈亏临界分析法实际上是量本利分析法的一个特例。它是在利润为零的情况下研究销售量(额)与成本间的变动关系。饭店只有先保本才能有利润可赚,但保本并不是目的。在此基础上,我们再来分析在具有一定利润的前提下,它们之间的变动关系。

它们之间的关系可以用下面的公式来表示,即:

$$销售量(额) = \frac{固定成本 + 预期利润}{边际贡献}$$

(1)成本变动时销售量的变动情况

在客房销售价格不变的情况下,成本如果增加,那么饭店的利润就会下降。要想使利润不减少,就必须增加销售量(额)。如果成本的变化是由于固定成本增加了,那么计算销售量(额)的公式就要调整为:

$$销售额 = \frac{原有固定成本 + 新增固定成本 + 预期利润}{1 - 变动成本率}$$

如果单位变动费用发生了变化,而房价保持不变,要想保持原有的利润水平,必须提高客房销售收入额,即:

$$销售额 = \frac{固定成本 + 预期利润}{1 - (原有变动费用率 + 新增变动费用率)}$$

(2)客房价格变化时销售(额)的变动情况

饭店客房价格在旅游淡旺季是不同的,有时为了提高竞争能力也可能是房价下降一定幅度。在这种情况下,为不使利润下降就必须提高客房出租率。这时,计算销售量的公式就调整为:

$$销售量 = \frac{固定成本 + 预期利润}{原房价 \times (1 - 房价下降率) - 单位变动费用}$$

(3)为弥补亏损所必须达到的销售量

例如,某饭店客房经营情况如下:固定费用 550 000 元,变动成本 135 000 元(每件 30 元),销售额为 675 000 元(45 000 间,房价 150 元),亏损 10 000 元。

要消除亏损所必须达到的销售量为:

$$4\ 500 + \frac{10\ 000}{150 - 30} = 4\ 583(间)$$

要消除亏损所必须达到的销售额为:

$$675\ 000 + \frac{10\ 000}{1 - 20\%} = 678\ 500(元)$$

如果在除亏的基础上计划获利 20 000 元,则:

$$所需销售量 = 4\ 500 + \frac{10\ 000 + 20\ 000}{150 - 30} = 4\ 750(间)$$

$$所需销售额 = 675\ 000 + \frac{10\ 000 + 20\ 000}{1 - 20\%} = 712\ 500(元)$$

本章小结

1. 客房的设备配置虽然在酒店建造之初就已确定,其原始质量已无法改变,但在客房部的日常运行与管理中,如何对其维护和保养,想方设法延长其使用寿命对客房部的经济效益有着不可估量的作用。

2. 客房客用品的配备与管理是构成客房商品使用价值的重要组成部分。对客用品的良好管理一方面会影响到客人的方便感,另一方面也会对客房部的成本控制产生重要影响。

3. 客房布件配备的数量与质量反映了一家酒店的等级和档次,对布件日常使用的严格管理不仅体现了客房部的专业化水平,更是客房部成本控制工作的基本要求之一。

4. 成本费用预算的编制为客房部的管理工作提供了量化的经济指标,使客房部的工作有了更清晰的目标。

5. 对客房部的成本控制和经济效益进行分析是检验客房部经营效果的必要手段,任何部门的经营管理说到底目的只有一个,那就是"以最少的投入获得最大的收益"。

 思考与练习

1. 客房设施设备有哪些种类?
2. 客房设备档案制度包括哪些内容?
3. 如何制定不同客房用品的消耗定额?
4. 客房用品的控制通常采用哪些方法?
5. 确定客房在用布件及备用布件时应考虑哪些因素?
6. 对客房布件的数量和质量进行控制时应把握哪些要点?
7. 如何理解客房预算编制的原则?
8. 客房成本控制方法主要有哪几种?
9. 客房经营指标主要有哪几种?各反映了经营中的哪些问题?
10. 什么叫边际效益?其主要作用是什么?

第六章 客房部的劳动管理

> **课前导读**

客房部的工作面广，工作量大，因此劳动力管理相当重要，它不仅包括客房部的人员配备和工作安排，还包括对用人标准的把握和进一步改善员工的素质等内容。它的意义远不只限于提高饭店的经济效益，更关系到企业内部发展的动力及前景。

> **教学目标**

- 了解客房部劳动管理的意义
- 掌握人员配备的方法
- 把握客房部用人标准
- 掌握员工培训的方法和内容

第一节 人员的配备和安排

客房部的人员配备和安排不仅关系到日常工作能否顺利进行、应配备多少人员及能否有效使用，它还直接影响到整个饭店的劳动力成本控制，关系到整个饭店的经济效益。

一、客房服务模式的确立

客房服务通常有两种模式，即客房服务中心制和楼层服务班组制。前者注重用工效率和统一调控，因而对降低客房部门的劳动力成本支出有着重要意义。而后者则有利于做好楼层的安全保卫工作。二者在人员的配置数量上有较大差别，因此，饭店必须根据本身的管理水平及安全设施的情况，确定客房部门的机构组成类型,确立客房部门的对客服务模式,在此基础上,确定岗位数量。

二、预测客房工作量

在确定了客房服务模式之后,就要对客房部所需承担的工作量作一预测。为便于分析,一般把工作量分成固定工作量和变动工作量两个部分。

所谓固定工作量是指那些只要饭店营业就必须完成的日常例行事务,它主要用以维护饭店既定的规格水准。如所有公共区域的日常清洁整理、计划卫生和客房定期保养工作。固定工作量往往反映了一个饭店或部门工作的基本水准。

变动工作量则随饭店业务量等因素的改变而变化,如客房的数量、贵宾服务状况、特殊情况的处理等。虽然住客率的高低、客人成分的差异、季节的更替甚至天气的变化都可能对这部分工作量产生影响,但一般都以平均开房率为轴心测算工作量。如某饭店开房率最低可达40%,最高可达100%,全年平均开房率为70%,则一般以70%作为计算工作量的基础。

三、确定员工劳动定额

确定员工劳动定额时,必须考虑各方面的因素。

1. 人员素质

除了人员的年龄、性别等差异外,其性格、文化程度、专业训练水平等方面的差别,都将影响劳动定额的确定。因此,应当首先了解员工的素质水准,并将其作为制定劳动定额的依据。

2. 工作环境

鉴于饭店建筑、装潢风格的不同,客房类型不同和客人生活习惯、员工工作环境的千差万别,定额的制定也应具体情况具体分析,切忌生搬硬套。

3. 规格要求

客房布置规格的高低对定额的影响是显而易见的。因此,首先要根据饭店档次合理制定客房布置规格,然后使定额的制定适合布置规格的要求。

4. 劳动工具配备

必要的劳动工具是工作质量和效率的保证。客房部门应根据工作内容及操作程序要求,配备合适的劳动工具,并测算在一定工具配备条件下,各项操作工作的时间标准,以此作为制定定额的依据。

5. 程序设计

工作程序设计是否合理,将直接影响工作效率,从而成为制定劳动定额必须考虑的因素之一。

四、确定员工配备数量

客房部门的员工配备通常以岗位设置和班次划分作为测试依据。

首先,要确定客房部管辖区域内所有的岗位或工种设置,如客房清扫员、值台服务员等。

其次,明确各工作岗位的班次划分。

最后,根据工作定额和工作量预测,确定每个班次的员工数及整个客房部的员工数。在具体应用中,可依据工种及岗位性质,分别采用效率定员、比例定员、岗位定员、设备定员等不同定员方法,并利用下面的公式最终确定员工及管理人员的配备数量:

客房部所需员工数 =(全年所需工作量/工作定额)/ 有效开工率

其中,

$$有效开工率 = \frac{员工一年中实际工作天数}{365} \times 100\%$$

$$= \frac{365 - 双休 - 国家法定假日 - 年假 - 病假}{365} \times 100\%$$

例:某饭店有800间客房(均折成标准间),分布在5~24层,其中5~13层为内宾房,设早、晚值台班,每层服务员各1名。客房清扫员的定额为:日班12间、中班48间。领班的工作定额为:日班60间、中班120间。假定饭店年平均开房率为80%,员工每天工作8小时,每周工作5天,享受国家法定假日共10天(元旦1天,春节3天,"五一"3天,国庆节3天),年假7天,一年中人均可能病事假7天。设部门经理、经理助理和主管三级管理人员。试计算上述客房部人员总数。

解:由题意可得:

员工一年中实际工作天数 = 365 - 365/7 × 2 - 10 - 7 - 7 = 237(天)

$$则有效开工率为 = \frac{237}{365} \times 100\% = 65\%$$

(一)服务员人数(效率定员法)

1. 日班清扫人员人数 = $\frac{工作量}{工作定额}$ ÷ 有效开工率

   = $\frac{800 \times 80\%}{12}$ ÷ 0.65 = 82(人)

2. 中班清扫员人数(中班服务员的工作量是日班服务员工作量的4倍)= 82/4 = 21人

3. 台班服务员人数 = $\frac{2(班次) \times 9(层) \times 365(天)}{237(天)}$ = 28(人)

(二)领班人数(比例定员)

1. 日班人数 = 82/5 = 15(人)
2. 中班人数 = 82/10 = 8(人)

(三)主管人数(比例定员)

按领班与主管6:1的比例确定,主管人数为4人

(四) 经理、助理人数(岗位定员)

各设 1 名,共 2 人

则上述客房部人数总计为:82 + 21 + 28 + 15 + 8 + 4 + 2 = 160 人。

五、劳动力安排及劳动力成本控制

(一) 妥善安排劳动力

虽然事先经过仔细的斟酌和计算,但由于种种原因,劳动力定额和实际需求之间通常不是自然吻合的,这就要求在实际工作安排中做好调节,使其具有"弹性"。

1. 根据劳动力市场的情况决定用工的性质和比例

如果劳动力较为饱和,则制定编制时应偏紧,以免开房率较低时造成窝工而影响工作氛围;而在旺季开房率较高时,可征聘临时工缓解定额与需求之间的矛盾。反之,则要将编制做得充分些,以免在开房率较高时造成工作质量下降。

通常,为了控制正常编制,减少工资和福利开支,许多饭店愿意使用临时工来做一些程序比较简单、技能要求并不太高的工作。这对于增强人员编制的弹性、降低培训费用等较为有利。但这种编制弹性应限制在可控范围内,同时不能因此而放松对合同工的技能和思想训练,以便掌握劳动力安排的主动权。

2. 了解客源市场动向,力求准确预测客情

客源情况是不断变化的,因而由客房部承担的那部分可变工作量也在不断地变动着,而掌握了客情的大致动向后就可以做好应对准备,以免到时措手不及。

客房部除了要做出年度及季度的人力预测外,更应做好近期的劳动力安排。这样,掌握客情预测资料就成为一个十分重要的工作。客情预测资料主要包括每周预测表、团队和会议预订报告、每日开房率及客房收入报表、住客报表和预计离店客人报表。

3. 制订弹性工作计划,控制员工出勤率

客房管理者必须通过制订工作计划来调节日常工作的节奏。如:计划卫生的周期性工作和培训穿插进行等,做到客人少时有事可做,工作忙时又有条不紊。

控制员工出勤率的方法有许多,除了利用奖金差额来控制外,还要通过合理安排班次、休假等来减少缺勤数或避免窝工。对于一些特定的工种,可灵活安排工作时间,采用差额计件制等各项行之有效的方法。

(二) 劳动力成本控制

对于客房部劳动力的成本控制,除按上述定员方法进行科学合理定员以外,还应注意以下几点:

(1) 必须遵循以岗定人的原则。另外,在酒店日常运转中,还应根据本酒店的星级档次、客源构成等情况,考虑对某些岗位是否能合并或取消。

(2) 必须对酒店的年出租率情况有一个比较精确的预计,因为这是测定客房实际工作量的重要依据。

（3）必须科学、合理地制定工作程序，进行动作研究，以期达到提高工作效率、节约劳动力成本的目的。

（4）必须符合饭店所规定的员工数在饭店人均营业收入或工资成本预算线以内。

（5）根据酒店营业淡、旺季，合理安排合同工与临时工的比例，做到忙时有人干，闲时无人余。

（6）充分利用旅游职校的实习生。尽管这会给酒店人事工作带来一些麻烦，但只要校企合作得好，仍不失为一种节约劳动力成本的好方法。

第二节 人员的选择、培训与评估

一、用人标准的确定及人员选择

虽然饭店人事部是选择人员的专门机构，但如何才能选到适合客房部工作的人，却是要由客房部经理来掌握的。通常，人事部可根据饭店工作的一般要求对应征者进行初试或复试的筛选，然后由客房部经理把好通往本部门各岗位的最后一道关——面试。这一工作可根据工作岗位的要求由经理本人或副经理来主持，并由经理来作决定。

要做好这个工作，首先，就必须制定出一个用人的标准。虽然客房部各岗位的工作要求互有差异，但从总体上来说有一些共同的要求。

1. 了解和乐于从事未来的工作

这对于稳定员工队伍、提高工作效率和降低各项开支是十分重要的。要做到这一点，首先，要求把客房部各岗位的职责说明详列出来；其次，要附有一份职务说明书；然后，要求面试主持人如实介绍任职环境和要求等，绝不可因求人心切而着意美化，否则上岗员工会因怀有被欺骗之心情而造成部门工作之被动。

2. 作风正派，为人诚实可靠，具有较高的自觉性

与餐厅工作不同，客房部的工作有许多是单独进行的，如果不具备以上各方面的个人素质，可能会带来无穷的后患。

3. 性格稳定，责任心强，并具有与同事良好合作的能力

客房部的工作绝不是像有些人想象中的那样能抛头露面，它更多地属于一种幕后工作。因而，客房部的员工必须具有吃苦耐劳而无意炫耀自我的奉献精神。此外，虽然各自的工作都有定额，但协作与互助应贯穿于客房部各项工作的始终。

4. 身体素质好，动手能力强，反应敏捷

总的来说，客房部工作的体力消耗较大，而且从清洁到保养，事务繁多，如果不

具备良好的体质和勤劳的双手是做不好这份工作的。对于楼层服务员等一些要独自操作并与客人接触的员工来说，当然要求机敏一些、细致一些。

5. 较好的自我修养

诚然，不同的工作岗位具有不同的要求，即使是从事最简单的工作，处在饭店这一独特的环境之中，基本的个人卫生、礼节礼貌是不可少的。

客房部的用人标准可以有许多条，但以上所列应是有别于饭店其他部门或应予特别重视的几点。最后，对于客房部经理来说，一定要为本部门各岗位制定出一个既必要又实际的用人标准来，千万要避免一味求高的做法，除非能肯定尚有可选择并中意的人选。

二、人员培训的意义、方法和内容

保证部门员工获得恰当的培训是客房部经理的主要职责之一。这不等于说客房部经理本人必须承担培训师的职责。实际上，培训可由主管或才干出众的员工来做。不过，客房部经理应该对本部接连不断的培训计划负责。

（一）培训的意义

要想让员工的工作达到既定的规格水准，严格的培训是一种必须而有效的手段。良好的培训不仅能解决员工的"入门"问题，而且还具有多方面的积极意义。

1. 提高工作效率

培训时所讲授或示范的工作方法和要领，都是经过多次的实践总结出来的。因而，它不仅可节省时间和体力，而且有利于提高工作质量，达到事半功倍的效果。

2. 降低营业成本

除了人力与时间的节省之外，正确的工作方法能减少用品浪费、降低物件磨损，达到低投入、高产出的目的。

3. 提供安全保障

客房部员工的工伤比例在饭店中是比较高的，如腰肌劳损、擦伤、摔伤等，而培训得法却可以让员工对本职工作的操作方法、步骤等有更深入、全面的理解，增强安全防范意识，以便防患于未然。此外，有效的培训还可以提高员工全面的安全认识和加强紧急应变能力。

4. 加强沟通，改善管理

灵活多样的培训方式对于活跃气氛、交流思想、搞好合作显然是十分有益的。它可以帮助我们避免平时发生的许多工作上的摩擦，加强集体的凝聚力，促进服务和管理的改善。因此，员工培训的作用不容低估。

多数经理与培训师明白，培训的目的是帮助员工学会做好工作的本领。可是他们中有许多人对什么是最好的培训方法心中无数。他们常需要一个培训的框架。四步培训法提供了这种框架。此方法中的四步指的是"准备、讲课、实践与跟踪检查"。

(二) 培训准备

成功培训的基础在于准备。少了准备工作,培训就没有逻辑顺序,还可能把一些主要细节漏掉,还可能对培训班产生极度的焦虑。在开始培训前,对工作任务及员工的培训需求要作一番分析。

1. 工作分析

工作分析是培训员工与防止操作发生问题的基础。它确定员工需掌握什么知识,每位员工应承担什么任务,以及应达到的操作标准。不透彻了解每位员工该做什么,就无法把培训工作做好。

工作分析包括三个步骤:确定工作所含的知识、编制任务单和编写客房部各岗位所含各项任务的细分表。知识、任务单与细分表也形成了评估员工业绩的一种有效体系。

通过对工作知识的认定,确定员工完成各自工作应了解的知识内容。员工想做好工作,就要了解住宿业,认识自己所在的部门及岗位。例如,在美国,客房服务员应具备全体员工应了解的知识,如血液携带的致病菌及美国残疾人法;应具备全体客房部员工应了解的知识,如电话礼貌用语、职业安全与健康署指定的法规及保安工作;应具备客房服务员应知晓的知识,如异常宾客情况及彻底清扫任务等。

任务单反映出员工的全部工作职责。表6-1为任务单示例。注意该任务单上每一行均以动词开头。这种形式突出了行动,清楚指明员工应对什么工作负责。要尽可能按照日常职责的逻辑顺序排列工作任务。

表6-1 任务单示例

任务单
客房服务员
1. 使用客房任务分配单　　　　　　2. 领取所分配客房需要的宾客便利物品与设施
3. 领取所分任务房的清洁用供应品　　4. 保持工作车与工作区域井井有条
5. 进入客房　　　　　　　　　　　　6. 客房清洁前的准备
7. 开始清洁浴室　　　　　　　　　　8. 清洁浴缸与淋浴区
9. 清洁抽水马桶　　　　　　　　　　10. 清洁水池与梳妆台
11. 清洁浴室地面　　　　　　　　　　12. 结束浴室清洁作业
13. 清洁房内壁橱　　　　　　　　　　14. 整理床铺
15. 客房掸尘　　　　　　　　　　　　16. 补充客房供应品与便利物品
17. 清洁窗户、窗帘轨与窗台　　　　　18. 对客房作最后修饰
19. 用吸尘器清扫客房并报告房况　　　20. 离开客房
21. 解决检查中发现的清洁工作疏漏　　22. 完成下班前的职责
23. 翻转并轻拍床垫　　　　　　　　　24. 摆设或撤除宾客特殊服务设施
25. 清洁多居室宾客套房　　　　　　　26. 提供做晚床服务

任务细分表的格式可多种多样,以适应个别饭店的不同需求和要求。表6-2是任务细分表示例。细分表中包含了执行任务所需的设备和供应品单、步骤、"怎样做"及说明工作方法的要诀。

表6-2 任务细分表示例

领取派房清洁作业使用的供应品		
所需用具用品:储放了供应品的清洁箱		
步　骤	方　法	须知事项
1. 上班首先去客房部领取清洁用品箱。 2. 检查箱内储备的物品,确保将清洁的房间有足够的清洁用品。 3. 下班前将箱子送回客房部,补足供应品。	□备足了清洁用品的箱中应有下列物品: · 多功能清洁剂喷雾瓶 · 玻璃清洁剂喷雾瓶 · 家具上光剂 · 其他核准使用的清洁用化学物品 · 擦拭用海绵 · 硬毛刷 · 清洁用抹布 · 特殊的刷子	1. 与便利用品箱一样,清洁用品箱也在客房部重新储足用品。 2. 你所在饭店的清洁用品箱中也有可能有其他清洁用品(各饭店可根据各自的实际情况罗列如下):

员工应了解将用什么标准来衡量他们的工作表现。因此,有必要对工作任务进行分解,并详述有关的标准。为了将它用做操作标准,每项工作都必须是既可以看得到,又可以量化衡量的。表6-3是在职员工的培训需求评估表示例,可用来对操作情况加以评估。客房部经理(或客房部主管经理)在进行季度业绩评估时,只要在相应的格子里打个钩,就可对员工的表现做出评价。

表6-3 培训需求评估表示例

目前员工工作表现如何,可用此表对他们的工作加以评级。
第一部分:工作知识

评估员工对下列论题相关知识的了解程度	与标准差距大	稍低于标准	达到标准	超出标准
全体员工应了解的知识				
高质量宾客服务				
血液携带的致病菌				
个人着装与外表				

续表

评估员工对下列论题相关知识的了解程度	与标准差距大	稍低于标准	达到标准	超出标准
紧急情况				
失物招领				
回收利用程序				
安全操作习惯				
值班经理				
本饭店基本情况单				
员工政策				
客房部全体员工应了解的知识				
与合作者和其他部门组成的团队协同作业				
电话礼貌用语				
保安工作				
客房部钥匙				
职业安全和相关的法规				
安全正确使用清洁供应品				
维修保养需求				
特殊清洁要求				
客房部库存物品				

第二部分：工作技能

评估员工对下列论题相关知识的了解程度	与标准差距大	稍低于标准	达到标准	超出标准
客房部全体员工应了解的知识				
客房服务员是做什么工作的				
优异业绩标准				
小费分享				
异常客房情况				
彻底清扫任务				
房况代码				
使用客房任务单				

续表

评估员工对下列论题相关知识的了解程度	与标准差距大	稍低于标准	达到标准	超出标准
领取分派清洁房使用的便利物品				
领取分派清洁房的清洁物品				
保持小车与工作区域井井有条				
进入客房				
洁房前的房间准备工作				
开始清洁浴室				
清洁浴缸与淋浴区				
清洁抽水马桶				
清洁洗水池与梳妆台				
清洁浴室地面				
结束浴室清洁工作				
清洁房内壁橱				
做床				
房内掸尘				
补充客房供应品与便利物品				
清洁窗户、窗帘轨与窗台				
对客房做最后修饰				
用吸尘器清洁房间并报告房况				
离开客房				
弥补检查中发现的清洁工作疏漏				
履行下班前职责				
翻转并轻拍床垫				
摆设或去除宾客特殊服务设施				
清洁多居室套房				
提供做晚床服务				

2. 编制工作细分表

如果仅仅让客房部的某个人去制定每项工作的细分表,这项工作恐怕永远也完不成,除非该部门非常小,只涉及有限的几项工作。一些最佳细分表的完成,是由实际操作任务的人来编写的。有大量客房部员工的饭店可成立工作标准小组来负责这项编写任务。小组成员应包括部门主管、几个有经验的客房服务员以及公共区域的服务员。在较小的饭店里,可让有经验的员工单独完成这项任务。图6–1概括了制定工作细分表的过程。

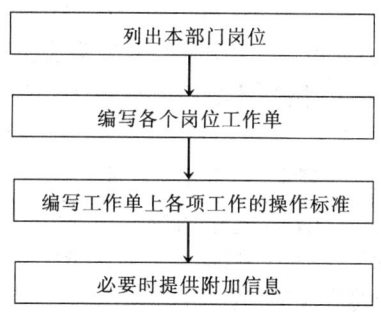

图6–1 制定工作细分表

多数饭店机构拥有一本涉及政策规定与程序的工作手册。虽然该手册很少含有建立有效培训与评估计划所需要的详细内容,但手册中部分内容对客房部标准制定小组成员完成编写部门岗位工作细分表可能有些帮助。例如,手册在程序部分包括了职务说明与工作规范,这些内容有助于标准制定小组编写出工作任务单与操作标准。而手册的政策部分可能是有用的附加信息资料,可将它编入工作细分表中。

如果任务涉及使用设备,其工作细分表可能已出现在设备销售商提供的设备操作指南里。标准制定小组应该不必编写诸如地面、擦拭器、湿形洗尘器及其他机械设备的操作标准,而可以仅仅让员工参照(或给附上)销售商供企业内部培训用操作手册的有关章节内容。

编制工作细分表需通过编写说明员工完成该任务需采用的具体又可计量的工序操作标准,对每份客房部工作单上的每项任务进行分解。客房部经理至少应协助标准制定小组编写两三个本部门岗位操作标准。其间,客房部经理应强调,每份操作标准须具有直观性和可计量性。若主管或经理只要在季度业绩检查栏内的"是"或"否"项打钩就可评估员工的表现,则证明该评估标准是有效且实用的。

在标准制定小组编写出两三项工作细分表后,客房部其他的工作细分表应交由小组成员分头去完成。在规定时间内,他们将完成的结果呈交客房部经理或其助理,后者将这些细分表收齐后,按统一格式打印出来,然后将打印的副本提供给小组全体成员。最后可召集他们开会,对本部门各个岗位的工作细分表做认真、细致的分析。一旦细分表确定下来,就应该迅速在部门员工中加以使用。

3. 分析新员工培训需要

任务单是制订新雇员培训计划的极好工具。现实地说,不能指望新员工还没来上班,就知晓他们的全部工作。培训前,你要仔细阅读任务单。然后把工作按员工应学习掌握的时间先后分成三类:(1)在单独上岗前掌握;(2)上岗两周内掌握;(3)上岗两个月内掌握。

选几项分在第一类的工作,将他们列在第一次培训中学习。员工了解并掌握了这些操作方法以后,再在后面的培训中教会他们完成余下工作的技能,直到员工能胜任一切工作为止。表6-4国外某饭店是根据工作任务单及一份"须知"细目单编制的培训表示例。

表6-4 培训日程示例

建议采用的新员工培训日程表
只有适应培训者和受训者共同需求的培训日程表才是行之有效的。下面是建议采用的培训日程表。仔细阅读此表,必要时对它加以修改,以组织好培训课。可能有必要至少提前一天将与培训课学习内容有关的知识材料及工作细分表发给学员学习。
第一天 (1)新近情况介绍 (2)全体员工应了解的知识 　·高质量宾客服务　　　　　　　　·血液携带的致病菌 　·个人着装与外表　　　　　　　　·紧急情况处理 　·失物招领　　　　　　　　　　　·回收利用程序 　·安全操作习惯　　　　　　　　　·值班经理 　·本饭店基本情况单　　　　　　　·员工政策 　·美国残障人法　　　　　　　　　·客房服务员任务单
第二天 (1)温习第一天学习的内容(必要时再安排一些培训时间) (2)全体客房部员工应了解的知识 　·与合作者和其他部门组成的团队协同作业　·电话礼貌用语 　·保安工作　　　　　　　　　　　·客房部钥匙 　·维修保养需求　　　　　　　　　·安全正确使用清洁供应品 　·客房部库存物品　　　　　　　　·特殊清洁要求 (3)1~5项任务的工作细分表: 任务1:使用客房清洁任务单　　　任务2:领取所分任务房使用的便利物品 任务3:领取所分任务房的清洁用供应品　任务4:保持小车与工作区井井有条 任务5:进入客房

续表

第三天
(1)温习第二天学习的内容(必要时再安排一些培训时间)
(2)客房服务员应了解的知识：
·客房服务员做什么工作　　　　　　　　·优异业绩标准
·小费分享　　　　　　　　　　　　　　·非正常客房情况
·彻底清扫任务　　　　　　　　　　　　·房况代码
(3)6～12项任务的工作细分表：
任务6:洁房前的房间准备工作　　　　　任务7:开始清洁浴室
任务8:清洁浴缸与淋浴室　　　　　　　任务9:清洁抽水马桶
任务10:清洁洗脸池与梳妆台　　　　　　任务11:清洁浴室地面
任务12:结束浴室清洁工作

第四天
(1)温习第三天学习的内容(必要时再安排一些培训时间)
(2)13～21项任务的工作细分表：
任务13:清洁房内壁橱　　　　　　　　　任务14:做床
任务15:房内掸尘　　　　　　　　　　　任务16:补充客房供应品与便利物品
任务17:清洁窗户、窗帘轨与窗台　　　　任务18:对客房做最后的修饰
任务19:用吸尘器清扫房间并报告房况　　任务20:离开客房
任务21:弥补检查中发现的清洁工作疏漏

第五天
(1)温习第四天学习的内容(必要时再安排一些培训时间)
(2)22～26项任务的工作细分表：
任务22:履行下班前职责　　　　　　　　任务23:翻转并轻拍床垫
任务24:摆设或去除宾客特殊服务设施　　任务25:清洁多居室宾客套房
任务26:提供做晚床服务
一员工在培训师观察下完成一房间的全部清洁工作

第六天
员工独立清洁少量的房间
员工取得进步后,给员工增加工作量

在确定每次培训课教学内容以后,查阅工作细分表。由于细分表列出了员工操作的一切步骤,也就明确说明了培训课需要做什么。因此,每项工作的细分表就是一堂培训课的教学内容,或可作为自学用的学习指导材料。工作细分表可引导教学的进程,并确保重要内容或步骤不会在教学中被疏忽或遗漏。

员工必须了解的知识一般写在一张纸上。一次发给9～10项知识材料或工作细分表供新员工们学习。不要让一名员工一次就阅读所有的知识内容或工作细分表，这会让该员工接受不了，而且也无法记住足够的知识来把工作做好。

4. 分析在职员工培训需求

客房部经理有时觉得一名或几名员工的工作有问题，但不知道问题到底出在哪儿；或他们感到事情有点不对头，却无从知道改进工作该从何做起。对培训需求做出评估，能帮助揭示出员工存在的缺点以及你的班子的弱点。

要评估单个员工需求，可对该员工目前的工作情况做两三天的观察，并将观察结果记入类似 178 页表 6-4 的表中。表中该员工得分较差的领域，就是开展针对性再培训教育的内容。

制订部门培训计划，每年制订 4 个培训计划的想法不错，即每 3 个月左右做一个培训计划。而在每个季度开始前一个月完成该计划的制订是最佳选择。

可按照下列步骤为培训课做好准备：

（1）认真温习培训课上要讲授的知识内容及要使用的工作细分表。

（2）发给每位员工一份知识单与工作细分表。

（3）根据培训对象及培训方法制定培训日程表。注意控制每次培训课传授的信息量，使员工既能透彻理解又能记住这些内容。

（4）选择培训时间与地点。如果可能，将培训安排在生意清淡时，并在合适的工作区进行。将培训的日期、时间通知员工。

（5）练习试讲培训内容。

（6）将必要的演示用物品放在一起备用。

（三）讲课

精心编写的工作细分表为实施四步培训法的"讲课"这一步工作提供了全部所需的信息。把工作细分表作为培训的指南，按每份工作细分表上所列步骤的顺序去做。每做一步，向员工演示和叙述该做什么，并说明为什么要注意细节。

让员工有时间做些准备，让他们通过任务单的学习，对自己要做的全部工作有个大致的了解。如果可能，至少在第一次培训课的前一天将工作任务单发给他们。每次讲课前，至少提前一天将与授课内容有关的工作细分表发给新员工及在职员工，以供他们阅读。然后每次在培训课上先向员工交代他们将做什么，告诉他们教学活动需要多长时间，以及中间什么时间休息。

一边讲解操作步骤，一边做演示。让员工看清楚操作动作。鼓励想获得更多信息的员工提出问题。

保证有充分的时间授课，放慢速度，认真讲解。对一时理解有困难的员工要有耐心。至少将全部操作步骤重复一次。做第二次示范时，提问员工，了解他们是否已经全明白了。必要时可多次重复这些步骤。

避免使用行业技术或专门用语，如用 railroad schedules 指代公共区域清洁员。

使用新加入饭店业或新来饭店的员工能听懂的词语，以便于他们在今后掌握那些行话。

（四）实践

当培训师与受培训者在后者已熟悉工作情况并具有基本达标能力方面达成共识时，受培训者应试着独立去完成一项任务。当场实践有利于良好工作习惯的形成。培训课上，让每位受训者表演课上讲授的该任务的每一个操作环节，这会使培训师明白受培训者是否真的懂了，别总是想自己代受培训者去完成这些操作步骤。

辅导工作对员工掌握工作技能与树立必要的信心很有好处。应对员工的正确操作及时给予肯定和赞许。发现有问题时，应温和地加以纠正。在此阶段养成的不良工作习惯，今后可能很难改正。应保证受培训者不但能熟悉操作每项工作环节，而且了解每项环节要达到的目的。

（五）结果跟踪

有很多方法可使员工接受培训后更容易重返工作岗位。比如：

①在培训前后提供使用和演示新技能的机会；

②让员工与他们的工作伙伴对培训展开讨论；

③提供机会，就取得的进展与关注的问题进行不断的、开放式的交流。

1. 继续进行岗上辅导

培训能帮助员工学习新知识、掌握新技能及采取新的工作态度，而辅导则侧重于将培训课学到的东西运用到实际工作中去。作为辅导员，应对员工在培训课上学到的知识、技能和工作态度加以考验与鼓励，纠正他们的缺点，努力强化他们学到的一切。

岗上辅导须知：

（1）观察员工操作，确保他们操作正确规范。

（2）时而提些建议，帮助纠正细小的毛病。

（3）圆通得体地指出员工操作中出现的大错。一般最好选择在安静的地点，且在双方都不太忙的时间里做此事。

（4）假如员工的操作方法不安全，应立即加以纠正。

2. 不断提供反馈信息

反馈就是告诉员工他们工作得怎么样。反馈分正面肯定和提供咨询两种形式，前者确认工作干得漂亮，后者指出不正确的操作行为，并告诉员工如何加以改进。

提供这两种反馈时应注意：

（1）让员工知道自己对在哪里或错在什么地方。

（2）若员工在培训后工作出色，应加以肯定并让他们知道这一点。这有助于员工记住学到的东西，也能鼓励他们在工作中使用那些操作方法及相关信息。

(3)如果员工没有达到操作标准,首先对他们好的工作成绩加以肯定和赞许,然后告诉他们如何纠正坏的工作习惯,以及改掉坏习惯的重要性。

(4)反馈要具体。叙述员工表现时要确切说出员工所说的与所做的事。

(5)谨慎使用语汇。因为你想让听者觉得有益,而不是对听者的一种强制要求。不要这样说:"询问看似迷路的客人是否需要帮助时,你是按高质量服务标准去做的。但你对餐厅的营业时间应该是知道的。学学你的饭店情况介绍单吧。"而要说:"询问看似迷路的客人是否需要帮助时,你是按高质量服务标准去做的。但你如果了解餐厅及其他设施营业时间,你可向客人提供更好的服务。我再给你一份饭店情况介绍单吧。"

(6)确定你听明白了员工说的话。如说"我听到你是说……"

(7)确认员工听懂了你的意思。如说"我不敢肯定我把事情都说明白了。我想听听你对我刚才说的怎么看"。

(8)在作评论时,一定要诚恳,始终注意说话的技巧,做到通情达理。员工欣赏你对具体操作行为的坦率赞美。谁都不想受到批评而感到难堪或被奚落。

(9)告诉员工找不到你时他们可去哪儿求助。

3. 评估

对员工的进步做出评估。将任务单作为一揽子内容,确认他们已掌握执行所有任务的技能。对欠缺的方面进行深入培训,并提供更多的实践。

听取员工的反馈意见,让他们对受到的训练进行估价。这有助于提高员工的培训效果。

保存各员工的记录。跟踪各员工的培训史,并在各员工的个人档案中保存培训日志。

三、工作评估与激励

(一)工作评估

工作评估不仅可以帮助我们总结经验、吸取教训,而且可以为今后的工作提供指导。评估又可分为自我评估与自上而下的评估,这里讲的是后者。

1. 考察与考核记录

这是作评估的基础。作为上级应在平时注意对下属的工作予以观察并听取有关人员的反映,做好考核记录。其内容包括:

①出勤情况;②工作量;③责任心与自觉性;④工作能力;⑤专业知识;⑥品格;⑦合作程度;⑧进取精神;⑨服从性;⑩其他方面的表现情况。

2. 定期评估

通常是每年一次作全面评估,要求用书面的形式以供存档。此外,为使年度评估持之有据,平时可作月度评估,其形式与内容可以简单一些。

书面评估的格式可根据具体要求而设计。一般来说,年度评估的格式往往是全饭店统一的(见表 6-5),而月度评估可自行设计(见表 6-6)。

表 6-5　工作表现评估

姓名_____　　工号号码_____　　部门_____
职位_____　　评估期间_____至_____

评语_____
所需之训练:(请详述所需之项目)

对现时职位_____
对未来发展_____

评估人_____　　职位_____日期_____
员工签名_____　　　　　　　　　　　　日期_____
部门主管审阅_____　　　　　　　　　　日期_____
等级:A—3　B—2　C—1　　　　　　　　正本:部门主管
　　　　　　　　　　　　　　　　　　　　副本:个人档案

表 6-6　月度奖金评比表

姓名_____　部门 客房部　区域 公共区域　职务_____

项　目	分值	月　份											
		1	2	3	4	5	6	7	8	9	10	11	12
巡查四周清洁	10												
经常彻底地清扫环境卫生	15												
保持机器效能	10												
不浪费清洁用品	10												
自觉性	5												
守时,不缺勤	10												
仪容仪表	10												
负责饭店环境美化工作	10												
饭店规章制度	10												
与其他员工的合作性	10												
总　　分	100												

续表

月 份	奖金标准	得分率(%)	实付奖金	批 准	批 准	签 收
1						
2						
3						
4						
5						
6						
7						
8						
9						
10						
11						
12						
总 额						

表中项目须逐一仔细评估　　　　表中项目内容可随时修改
员工得分须经两名直接主管批准　　交表日期：每月 7 日

书面评估是由上而下逐级而作的，在完成这一工作后，应该与被评估者见面。这是评估的重要内容之一，否则将难以起到其应有的积极作用。在进行评估面谈时必须注意以下几点：

（1）主持者必须对被评估者相当了解。

（2）面谈地点要安静，不受打扰。

（3）要热情地肯定其优点或长处，同时也要明确指出其缺点或不足，切忌进一步、退一步的表白或模棱两可的言辞。

（4）要鼓励对话，不可压制。

（二）激励

激励可分为正激励与反激励。前者采用的是表扬、奖励和升迁等积极手段，后者采用的则是批评、惩罚和处分等消极手段。两种方法只要运用得法就能同样有效，而要做到这一点，首先必须先理解下属：

（1）下属应了解自己应该做些什么。

（2）下属应得到工作指导。

（3）下属应为工作出色而得到认可。

（4）下属亦应得到具有建设性的批评。

（5）下属应有机会显示其能力。

（6）下属应得到鼓励而不断提高完善自己。

(7) 下属理应得到安全和健康的工作环境。

激励成功与否还在于能否使用积极的手段去避免或减少其消极性。因而,在实施激励的时候要掌握一些要点。

1. 注重效果

良好的愿望要变为现实,在很大程度上取决于是否让人觉得公平合理、简洁明快和易于接受。

2. 对员工工作的认可

宾客的正面评价与酒店的回头客业务是反映员工齐心协力,满足宾客需求所做努力的一面镜子。经理们应将这种信息传递给员工,作为对他们出色工作的一种肯定。图表对激励员工动力也很有效,它们让员工直观地了解自己的业绩与进步。书面客房检查报告同样有很强的推动力。得分高的服务员可评为当月客房服务员明星或获得某种经济上的奖励,以此肯定他们的成绩。

3. 交流与沟通

交流是所有激励机制的关键。不断向员工通报本部门及饭店发生的事情能收到积极的效果。了解单位里发生的事情,会让员工更加感到一种归属感和自身的价值。

编发部门通讯是保持上下信息公开的极好方法。有些饭店允许员工编制业务通讯及发表他们自己的文章。这些报道和文章可与工作有关,或是个人性质的。论题可涉及:

①晋升;②调动;③新雇员;④辞职;⑤提高服务质量诀窍;⑥特别表彰;⑦当月员工明星;⑧生日;⑨婚庆;⑩订婚;⑪生孩子;⑫晚会消息。

告示板是张贴日程安排表、机构内通报及其他有关信息的地方,它传递着清楚明了的信息。告示板设在员工都能去的地方效果最佳,告诉他们每天去那儿看看。

4. 制订员工奖励计划

几乎所有的员工都希望自己的工作获得赞许。有时,对工作达到要求或特别出色的员工简单说一句"谢谢你",就给员工传递了一份真诚的感谢。但在有些时候,这样做还不够。奖励计划是对工作出色的员工加以酬谢与肯定的最有效手段之一。在制订奖励计划时,应考虑以下几项基本原则:

(1) 制订适合本部门或机构的奖励计划。

(2) 概括该计划的具体目的与目标。

(3) 确定员工获得表彰与奖酬的条件与要求。

(4) 集思广益设想出各种各样的奖品。可提请有关部门的批准,获得此活动的经费。

(5) 确定开始执行计划的日期和时间。确保全体员工参加这一活动,并尽量使活动富有乐趣。

奖励计划对员工的表彰与奖励是基于员工达到某种条件的能力来确定的。经理们可考虑的奖励方式有：①表扬信；②评价证书；③现金奖励；④与总经理及部门负责人合影，将照片张贴在公共区域与饭店后台区；⑤举行表彰宴会、大家自带食品的聚餐及郊游野餐；⑥在饭店餐厅与受奖人一起两人单独进餐；⑦礼品证书。

奖励计划形式多样，它是工资外对优异业绩做出回报的最佳方法。饭店制订和建立奖励计划应创造出一种员工、宾客与公司三方面均满意的局面，这种奖励应富有挑战性，并能激发员工的竞争精神。

奖励计划蕴含着惊喜的成分。班前会议或部门召开员工大会是宣布受奖者的最佳场合。宣布前应作些安排，宣布时让受奖者对自己及自己的工作有一种特别美好的感觉。

总之，一个好的奖励计划应该达到以下目的：

(1) 表彰与奖励取得优异成绩的员工。

(2) 激励员工创造更高的生产力。

(3) 通过提供一个利于员工关爱宾客的工作环境，保证饭店实现使宾客满意的承诺。

(4) 对工作出色者表示衷心的感谢。

 本章小结

1. 任何饭店经营的生命力在于员工。离开员工，饭店经营也就不复存在。客房工作的重要性决定了客房部应招聘什么样的员工和怎样合理地去安排他们，这不仅决定了客房管理工作的效果，更关系到饭店的劳动力成本控制问题。

2. 对员工持续不断的培训是保持客房工作水准的重要保证，而采用合理的激励手段则是留住优秀员工的有效方法。

 思考与练习

1. 区分客房固定工作量和变动工作量的意义何在？
2. 确定客房服务员劳动定额需要考虑哪些因素？
3. 客房服务员的配备按怎样的步骤进行？
4. 你如何理解客房部的用人标准？
5. 培训"四步法"的含义是什么？如何运用这种方法对客房服务员进行培训？
6. 除了书中提到的，你认为还可以采用哪些方法激励员工？

附录 客房部主要岗位的职责

1. 楼层总管

(1) 主管客房楼层的清洁卫生及对客服务的一切工作。
(2) 督导楼层领班及服务员的工作。
(3) 掌握客房楼层清洁卫生及对客服务的标准。
(4) 巡视客房楼层范围,检查贵宾客房,抽查已清洁完毕的客房。
(5) 处理住客的投诉及突发事件。
(6) 与前厅部密切配合,核实客房状况差异,提供准确的客房状况。
(7) 完成楼层工作日志。

2. 楼层领班

(1) 督导客房服务员及楼层杂工的工作。
(2) 负责所管辖楼层的员工的工作安排和调配。
(3) 巡视所管辖的楼层,检查客房清洁卫生及对客服务的质量。
(4) 检查客房的维修保养事宜,安排所管辖楼层的客房大清洁计划。
(5) 检查所管辖楼层各类物品的储存及消耗量。
(6) 留意住客动态,处理客人投诉。
(7) 掌握及报告所管辖楼层的客房状况。
(8) 负责对所属员工的考勤与考绩。
(9) 填写领班工作日志。

3. 客房服务员

(1) 清扫与整理客房,并补充客房供应品。
(2) 为住客提供各项服务。
(3) 报告客房状况。
(4) 检查及报告客房设备、物品损坏及遗失情况。
(5) 报告客人遗留物品情况。
(6) 清点布件。
(7) 负责开启房门,让有关部门的员工进房工作。
(8) 填写客房清洁工作报表。

4. 楼层杂工

(1) 负责清洁及整理楼层的储藏室。

(2) 负责清洁所属楼层的公共区域,如走廊、楼梯、电梯口等。

(3) 搬运布件及垃圾。

(4) 搬运家具、地毯等。

5. 公共区域主管

(1) 主管全饭店公共区域的清洁卫生工作。

(2) 督导下属领班及清洁工的工作。

(3) 巡视公共区域,检查清洁卫生质量。

(4) 指导和检查地毯保养、虫害控制、庭院绿化、花卉布置、外窗清洁等专业工作。

(5) 安排公共区域大清扫计划。

(6) 控制清洁剂、清洁用品的消耗量。

(7) 完成公共区域工作日志。

6. 公共区域领班

(1) 督导属下员工的工作。

(2) 安排属下员工的工作及调配,全面完成各项清洁卫生工作及服务工作。

(3) 检查公共区域的清洁卫生及服务情况。

(4) 检查及报告公共区域内设施、设备、用品的损坏情况。

(5) 检查衣帽间及洗手间的清洁和服务状况。

(6) 控制清洁剂及清洁用品的消耗。

(7) 填写领班工作日志。

7. 公共区域清扫员

(1) 负责领班所安排的区域内的清洁工作。

(2) 正确使用清洁剂及清洁工具。

(3) 在工作区域内,按要求喷洒药水或放置卫生药品,杀灭害虫。

(4) 报告在公共区域内的任何失物。

8. 衣帽间、洗手间服务员

(1) 负责客人的衣帽寄存。

(2) 负责接待如厕的客人。

(3) 负责衣帽间及洗手间的清洁工作。

(4) 报告拾得的任何失物。

9. 地毯清洁员

(1) 负责清洁饭店内所有地毯及家具布料。

(2) 修补损坏的地毯。

(3) 定时巡视饭店范围内的地毯状况。

10. 外窗清洁员

负责清洁饭店内的玻璃窗及镜面。

11. 园艺工

(1) 负责养护饭店所种植的花卉草木。

(2) 提供布置客房及环境的花卉、盆景等。

12. 布件房主管

(1) 主管全饭店布件及员工制服。

(2) 督导属下的领班及员工的工作。

(3) 控制布件及制服的运转、储藏及损耗。

(4) 定期报告布件及制服的损耗量，制定预算，提出补充或更新计划。

(5) 与餐饮部、洗衣房及客房楼层保持密切联系与协作。

(6) 填写布件房工作日志。

13. 布件房领班

(1) 负责属下员工的工作安排和调配。

(2) 负责属下员工的考勤与考绩。

(3) 协助主管控制布件及员工制服。

(4) 监督所有布件、制服的收发、分类和储存。

(5) 填写领班工作日志。

14. 布件、制服服务员

(1) 负责所有布件、制服的接收、送洗、发放、清点及记录工作。

(2) 负责搬运及储藏布件和制服。

(3) 对洗烫完毕的布件和制服进行检查，发现问题，及时报告。

15. 缝补工

(1) 负责修补布件、制服、窗帘、软垫套等。

(2) 负责客衣的小修小补。

(3) 将报废的布件、制服改制成其他有用的物品。

16. 客房服务中心值班员

(1) 接受客人电话提出的服务要求，迅速通知楼层服务人员为客人提供服务。

(2) 报告客人的投诉。

(3) 设法解决客人提出的疑难问题。

(4) 定时与各楼层通电话，核实客房状况。

(5) 做好各种记录。

后　记

　　据中国国家旅游局统计,截止到 2013 年第一季度,全国纳入星级饭店统计管理系统的星级饭店共计 13 537 家,其他饭店形态如快捷酒店、农家乐宾馆更是数量众多。无论是行业规模、设施设备水平,还是经营理念或管理水平,当今的饭店业都已取得了长足的进步。客房管理作为现代饭店经营管理中的主要组成部分,其理念、方法也在随着时代的进步不断发展。

　　《饭店客房管理》是旅游高等职业院校饭店管理专业的一门专业主干课程。本教材适用于饭店管理及相近专业的高职生,也可供饭店在岗人员自学、培训及参加自学考试时参考。本书突出了专业化、标准化和实用性的特点,内容包括了饭店客房部运行的整个流程及管理要点、管理方法,有较强的实用性和操作性。在具体章节内容的编排上,考虑到高职教育的特点,并没有过多的深奥理论阐述,而是更多地侧重于介绍实际工作流程、管理和服务中的注意事项,以及新观念、新方法在客房管理和服务中的应用,目的是使学生在掌握基本工作流程和服务技能的同时,开阔知识面,提高专业素养。本书第 1 版出版以来,受到广大院校师生的好评,现根据行业发展实践对其进行修订。

　　参加本书第 1 版编写的有上海师范大学旅游学院、上海旅游高等专科学校饭店管理系的朱承强、王培来老师,浙江旅游职业技术学院的叶秀霜老师,云南省旅游学校的董颖蓉老师。具体分工为:朱承强(第一章),王培来(第二、四章),叶秀霜(第五章),董颖蓉(第六章),王培来和董颖蓉(第三章)。全书由朱承强、王培来统稿。

　　本书第 2 版修订工作由武汉商贸职业学院现代服务学院的童凤莲老师和西安外事学院的孟颖老师负责。

编　者